**Concepción Ávila
de Cetina**

Sabores Yucatecos
Un Recorrido Culinario A Yucatán

*Dedicado a mi madre, Concepción Ávila de Cetina (1924-2012),
por su sabiduría e inspiración; y a mi esposa, Blanca Cetina,
por su infinito amor y apoyo.*
—Chef Gilberto Cetina

*Dedicado con amor a mis padres, Leno y Elisa Díaz,
por su inquebrantable apoyo.*
—Katharine A. Díaz

Copyright © 2014 by Gilberto Cetina and Katharine A. Díaz
All Rights Reserved. Printed in China. **ISBN 978-1-889379-29-6**

While every precaution has been taken in the preparation of this book, the authors and publisher assume no responsibility for errors or omissions, or for damages resulting from the use of the information contained herein. For more about books presented by WPR Publishing, please go to www.WPRbooks.com.

WPR Books: Comida
3445 Catalina Dr., Carlsbad, CA 92010-2856
www.WPRbooks.com   760-434-1223   kirk@whisler.com

Monica, Enjoy my familie's Recipes!!! Gilberto Cetina

SABORES YUCATECOS

UN RECORRIDO CULINARIO A YUCATÁN

Chef Gilberto Cetina
Katharine A. Díaz
Gilberto Cetina, Jr.

WPR BOOKS
COMIDA

CREDITOS

Autores: Chef Gilberto Cetina, Katharine A. Díaz y Gilberto Cetina, Jr.

Director de arte y diagramación: Katharine A. Díaz

Traducción al español: Marissa Marrufo

Presentación y montaje de platos: Gilberto Cetina, Jr.

Fotografías principales: Matthew Fried

Fotografías adicionales: Katharine A. Díaz

Edición de fotografías: Marissa Marrufo

Diseño de portada: David Mir

Estilista de comida: Angela Pettera

AGRADECIMIENTOS

Quisiéramos agradecerles a las siguientes personas por su tremenda ayuda y apoyo para hacer este libro de cocina una realidad.

LA FAMILIA CETINA
Concepción Ávila de Cetina, Blanca Cetina y
María José Cetina de Sarabia.

LA FAMILIA DIAZ
Leno y Elisa Díaz, Eduardo Díaz, Micaela Díaz-Sánchez,
Siboney Díaz-Sánchez y Yuquita Díaz.

NUESTROS EXPERTOS
A nuestro editor Kirk Whisler, que hizo de un sueño una realidad; a Matthew Fried, que tomó tan bonitas fotografías de la comida; a Angela Pettera, una maravillosa estilista de comida; y a Samuel Mark, por su profesional punto de vista y sabias observaciones.

NUESTROS DEGUSTADORES Y CATADORES DE RECETAS
Pia Franco, Sheila Riddell, Ed Alves, Kathleen Valle Stein, Ecriselia Gutiérrez, Betty Schaub, Michael Cecka, Beth Rodin, Kevin Rodin, Ryan Erlich, Christian Chaudhari, Mary Christine Daly, Rick Hurvitz, Amy Turk, Fabiano Oyafuso, Lisa Boling, Neil Rippon, Megan Rising, Ivy Chang y Bashir Eustache.

APOYO ADICIONAL
Al personal del restaurante Chichén Itzá, Peggy Hentschke, Richard Vázquez, Sergio López, Ileana Escobedo, Marnie Olmstead, Carol Gilman, Nita Moots Kincaid, Becky García, Ivy Orta, Gloria Herrera, Diana Martínez, y muchos más.

CONTENIDO

Reconocimientos   IV

Introducción   7

CAPÍTULO 1 **Recados y Salsas**   10

CAPÍTULO 2 **Antojitos y Entradas**   18

CAPÍTULO 3 **Huevos**   34

CAPÍTULO 4 **Sopas y Guisados**   44

CAPÍTULO 5 **Aves**   62

CAPÍTULO 6 **Puerco**   80

CAPÍTULO 7 **Res y Venado**   96

CAPÍTULO 8 **Pescados y Mariscos**   112

CAPÍTULO 9 **Tamales**   126

CAPÍTULO 10 **Acompañamientos**   140

CAPÍTULO 11 **Bebidas**   152

CAPÍTULO 12 **Postres**   158

Técnicas   174

Utensilios   175

Glosario   176

Tabla de conversiónes al sistema métrico   183

Índice   184

Mapa de la península de yucatán   189

Guía de regla general   190

Sobre los autores   192

Fotografías a la izquierda, de arriba hacia abajo: Potaje de lentejas (p. 54); queso relleno (p. 93), Kukulkan, Chichén Itzá, Yucatán; vaporcitos (p. 129); y bebidas tropicales (capítulo 11).

IMÁGENES DE LA PENÍNSULA DE YUCATÁN...

Desde arriba: Pavo en relleno negro; las ruinas mayas de Chichén Itzá, Yucatán; sopa de lima; y campanal en Campeche, Campeche.

Desde arriba: Puerta principal de una casita en Isla Mujeres, Quintana Roo; puerco entomatado; Iglesia de los Tres Reyes Magos en Tizimín, Yucatán; y ceviche.

Desde arriba: Poc chuc; venta de huipiles en Valladolid, Yucatán; pastelitos de atropellado con helado de coco; y Tulum, Quintana Roo.

Fotografía de comida por Matthew Fried/Fotografías variadas por Katharine A. Diaz

"LA TIERRA DEL FAISÁN Y EL VENADO"

INTRODUCCIÓN

Arena blanca . . . aguas azul turquesa . . . cenotes azul profundo . . . pirámides antiguas que casi tocan el cielo . . . recados aromáticos . . . huipiles con bordados coloridos . . . guayaberas nítidas . . . la música de los tríos paseantes . . . todas estas características evocan imágenes de la península de Yucatán, que engloba los estados de Yucatán, Campeche y Quintana Roo.

Forma parte del caribe mexicano y del golfo de México. Por su ubicación geográfica, la región estuvo relativamente aislada del centro de México. Como resultado, tiene tradiciones culturales únicas, está llena de abundante historia y de comida distintiva a otras partes de México.

Fue habitada por los primeros mesoamericanos durante la era precolombina, y eventualmente fue dominada por la gran civilización maya. Los mayas desarrollaron un calendario más preciso que el actual calendario gregoriano. Son considerados como los primeros que entendieron el concepto matemático del "0". La astronomía era una ciencia intensamente estudiada por los mayas.

Los mayas sobresalieron en la arquitectura, escultura, arte y la alfarería. También hacían jeroglíficos muy artísticos y estilizados que detallaban complejas historias y avances en la ciencia.

Lo que compartieron con el resto de Mesoamérica fue una agricultura sofisticada que les permitía cultivar comida nativa de América que eventualmente transformarían la dieta alrededor del mundo. La lista incluye el maíz, los frijoles, los tomates, los chiles, el cacao (chocolate), las calabazas y los aguacates. También originaria de la región se encuentra la vainilla, la chaya, la papaya, la pitaya y el mamey. Los mayas también domesticaban una especie de pavo.

Aunque la brillante civilización maya fue deteriorándose en la era de la Conquista, la gente de la península todavía era extraordinariamente independiente. No obstante, el encuentro del Viejo y del Nuevo Mundo fue, para propósitos de este libro, revolucionario en términos alimenticios.

Imagínese que pasó cuando los conquistadores llegaron con ganado y productos lácteos, cerdos, pollos, cebollas, ajos, harina, frutas cítricas, plátanos, azúcar, canela y otras especias, hierbas como el cilantro y de más. Sin mencionar la tecnología culinaria europea, las técnicas y las tradiciones. La comida en América nunca volvería a ser la misma.

Como era de esperarse, ya que en la península de Yucatán siempre estuvieron orgullosos de su peculiaridad, se desató una emocionante cocina que evolucionaría de manera distinta a cualquier parte de México.

En adición a las influencias mayas y españolas, también los libaneses y holandeses han dejado huella en la cocina yucateca. La influencia libanesa es particularmente interesante. A finales del siglo XIX, una gran populación de libaneses cristianos empezaron a migrar a Yucatán como resultado de la guerra civil entre los drusos, una secta religiosa del Medio Oriente y los

DEL CHEF:
GILBERTO CETINA

Nací y crecí en el pueblo maderero de Colonia Yucatán, Tizimín, en el estado de Yucatán. De niño, veía cocinar a mi madre mientras preparaba desayunos, almuerzos y cenas para los taladores. Mis hermanos y yo muchas veces teníamos que ayudar con las labores. Siempre me fascinaba lo que ella hacía y siempre estaba a su lado viendo y aprendiendo.

Luego, me mudé a Mérida para estudiar Ingeniería en la universidad. Viví con mis hermanos en una casa que teníamos ahí. Nos dividíamos las labores de la casa; la mía era cocinar, me encantaba.

Después de graduarme, trabajé brevemente como ingeniero, pero la cocina siempre estuvo en mi mente. Finalmente, cuando me mudé a Estados Unidos, pude enfocarme en trabajar en la industria culinaria.

Trabajé en varios restaurantes donde perfeccioné mis habilidades culinarias. En el camino, nunca perdí el amor por preparar comida tradicionalmente yucateca, como lo hacia mi mama. Eventualmente empecé a hacer servicios de banquetes por cuenta propia . . . pero solo preparando platillos yucatecos.

Cuando finalmente tuve la oportunidad de abrir mi propio restaurante, aproveché la oportunidad. Me dijeron que un restaurante mexicano que solo ofreciera comida regional de Yucatán nunca funcionaría en Los Ángeles, pero de todas maneras me arriesgué.

Eso fue en el 2001. Ahora, el restaurante Chichén Itzá ha recibido elogios de críticos de cocina y de clientes que siguen yendo por más. Se ha convertido en EL lugar para comer los mejores panuchos, cochinita pibil, sopa de lima, etc., etc., etc.

Kathy y yo hemos trabajado duro en este libro y pensamos, en nuestra humilde opinión, que es él que mejor representa la cocina de Yucatán. Refleja las influencias mayas de la región así como las tradiciones que fueron introducidas de otras partes de México y del mundo seguido de la Conquista.

También me gustaría reconocer y agradecer a mi hijo, Gilberto Cetina, Jr., por sus aportaciones a este libro.

Esperemos que aprenda no solo el cómo preparar platillos deliciosos, sino a conocer un poco mi patria.

Abajo: Katharine A. Díaz (izq.) y Chef Gilberto Cetina.

cristianos maronitas. La gran migración se dio entre 1880 y 1930, cuando muchos libaneses llegaron para reunirse con familiares que se habían ya asentado en el estado de Yucatán, particularmente en Mérida. Por eso en Yucatán se comen y disfrutan los kibis y otros platillos del Medio Oriente.

El vínculo con los holandeses fue principalmente por la ubicación de las antiguas zonas de comercio marítimo y por la piratería. El mejor ejemplo de este vínculo es el queso Edam, que es el queso favorito en Yucatán. Sin embargo, hace muchos años se veían en las casas yucatecas otros productos holandeses como galletas, dulces y mantequilla.

La cocina yucateca, junto con otras cocinas regionales de México, son tradiciones culinarias reconocidas por la UNESCO en su lista de Patrimonios Culturales de la Humanidad.

Esperamos que disfrute de este recorrido culinario de Yucatán.

Sobre las recetas

Nos hemos esmerado para presentarle las recetas de este libro lo más claras y directas posible. Las técnicas inusuales son explicadas claramente para su fácil seguimiento y ejecución. También mencionamos los sustitutos de los ingredientes que puedan ser difícil de encontrar en los mercados de su localidad.

¿Encontrará alguna receta que le resulte difícil de hacer? Algunas recetas son más complicadas que otras; otras requieren de un toque especial. Sin embargo, las cuidadosas instrucciones lo deben guiar para que su platillo quede de la manera correcta.

Lea cada receta antes de empezar. Es muy probable que tenga que consultar otras recetas del libro para completar la que esté planeando hacer. Por ejemplo, tal vez necesite de algún recado, salsa o una guarnición especial. Tal vez quiera adelantar y preparar unas cosas para tenerlas listas con anticipación. Probablemente encuentre algunas recetas que son similares y que tal vez cambiando uno o más ingredientes o una técnica de cocina le dé como resultado un platillo único.

Observará al final de muchas recetas una nota titulada "para servir". En estas notas le proporcionamos una lista de acompañamientos que hacen buena par con sus platillos. Las recetas de esos acompañamientos las encontrará en el libro; la mayoría de ellas en el capítulo 10.

Las medidas que les proporcionamos para cada ingrediente son los más precisas posible. La mayoría se dan por volumen, y en contadas ocasiones se dan por peso. De cualquier manera ¿cómo da por hecho que algunos atados de cilantro son más grandes que otros, que algunos limones son más jugosos que otros, o que algunos tomates son más chicos o grandes? Aparte, a algunas personas les gusta comer más salado, otras menos; y algunas pueden aguantar el picante de los chiles y otras no.

Así que use su criterio, dejen que sus ojos y nariz lo guíen . . . y pruebe, pruebe y pruebe mientras prepara su comida. Consulte las técnicas (p. 174), utensilios (p. 175), el glosario (p. 176) y la página 190 para algunos consejos extras.

Si usted se siente más cómodo usando el sistema métrico, consulte la tabla de conversiones en la página 183.

Fuentes

Gracias al actual interés por las cocinas del mundo, los ingredientes y herramientas que antes eran difíciles de encontrar, ahora los puede conseguir más fácil. También, el Internet puede ayudarlo a encontrar casi cualquier artículo difícil de encontrar. Por el fácil acceso para conseguir y ordenar ingredientes por Internet, no estamos proporcionando una lista de fuentes.

¡Venga a visitarnos!

Cuando se encuentre en el área de Los Ángeles, venga a visitarnos al restaurante Chichén Itzá para degustar lo mejor de la cocina de Yucatán. Durante la semana, nuestro menú incluye muchos de los platillos presentados en este libro. Pero también honramos nuestras tradiciones culinarias. Por ejemplo, los lunes ofrecemos como especial el frijol con puerco (p. 86), y los fines de semana ofrecemos mondongos (pp. 58 y 60). Los domingos horneamos un cerdo entero para ofrecer lechón al horno con sus guarniciones.

También tenemos especiales para diversas festividades. Por ejemplo, para la celebración del Hanal Pixan, o Día de los Muertos, ofrecemos mucbi pollo (p. 139). Para el día de Acción de Gracias y para Navidad puede también ordenar una comida completa para llevar que incluye nuestro famoso pavo asado (p. 74).

Visite nuestra página de Internet para horarios de clases de cocina que pueden ir desde clases de tamales hasta clases de platillos de pescados y mariscos que siempre finalizan con una cena de cursos múltiples.

Y mientras esté ahí, también se puede abastecer de nuestros productos de Chichén Itzá: Salsa de habanero gourmet, salsa de chile kut, jarabe de horchata, longaniza tipo Valladolid, recado rojo, recado para bistec y recado negro.

Chichén Itzá Restaurant
3655 S. Grand Avenue
Los Angeles, CA 90007
213-741-1075
www.chichenitzarestaurant.com

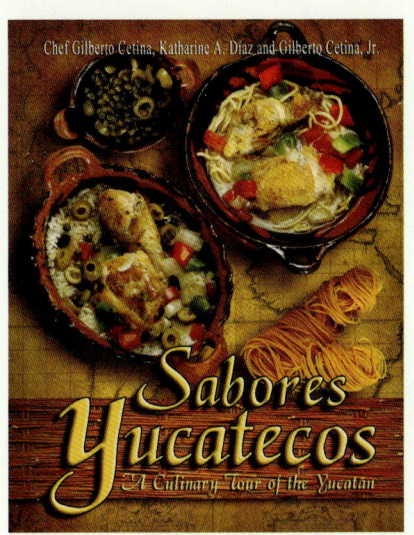

Libro Galardonado

Sabores Yucatecos: A Culinary Tour of the Yucatán fue premiado con el primer lugar como el mejor libro de cocina en los International Latino Book Awards 2013 de Latino Literacy Now. Los galardones fueron otorgados en el Instituto Cervantes de la ciudad de Nueva York en el 2013 que coincidieron con la convención Book Expo America. El libro de cocina también ocupó el segundo lugar en la categoría de mejor uso de fotografías dentro de un libro.

De la escritora:
Katharine A. Díaz

Debo admitir que en mi juventud era melindrosa. Ah, comía bien y mucho. Pero era quisquillosa. Solo tomó un año como estudiante de intercambio en Brasil para cambiar todo eso. Finalmente comencé a apreciar todo tipo de cocinas y disfrutaba de retar mis papilas gustativas. Mis raíces mexicanas más viajes posteriores a América Latina me llevaron a interesarme en la cocina latina, particularmente desde una perspectiva cultural.

Por cierto, me encantaba cocinar. De niña, cortaba recetas de revistas y las coleccionaba en capítulos bien ordenados dentro de carpetas. Luego empecé a coleccionar libros, una colección que sigue creciendo. Para mi los libros de cocina son grandes libros de lectura.

Al empezar a escribir de forma independiente y como editora nacional de revistas hispanas, descubrí que me regocijaba escribir sobre comida latina. Este interés me llevó al restaurante Chichén Itzá y a el chef Gilberto Cetina cuando cubría un artículo sobre los mejores restaurantes hispanos en Estados Unidos. De conocidos pasamos a ser amigos.

Es su voz la que escucha aquí, una voz que yo fui honrada para interpretar y expresar en este libro. Espero haberla capturado por que este libro refleja sus tradiciones, su vida y su historia. Para mi, representa el profundo afecto que le tengo a la comida de Yucatán y el aprecio que tengo por el talento del chef Cetina.

¡Gracias, Gilberto, por revelarme tus secretos culinarios!

Capítulo 1

Recados y salsas

Los cocineros y amas de casa de Yucatán tienen un arsenal de maneras para añadirle sabor a su comida, dándole así su sello yucateco. Encabezando la lista se encuentran los recados, que son mezclas complejas de especias. Después vienen las salsas de tomate y otras salsas que son esenciales en determinados platillos. Si logra dominar estos recados y salsas, estará por buen camino para convertirse en un experto en la preparación de comida yucateca.

Recados

Los recados son ingredientes únicos e importantes en la cocina de Yucatán. Se usan secos o mojados para darle una dimensión extra de sabor a muchos platillos. En las recetas que piden algún recado como ingrediente, generalmente se refieren a éste en su forma de pasta que es usada para cubrir o marinar carne, pescados o mariscos.

Con una visita al mercado municipal Lucas de Gálvez en Mérida, Yucatán, queda claro que los recados son indispensables para la mesa yucateca. Verá muchos puestos con cerros y cerros de recados de tonos cálidos, y sentirá una ráfaga de aromas difícil de pasar por alto. Cada marchante tiene a su vendedor favorito.

Antiguamente las amas de casa preparaban sus propios recados de principio a fin usando recetas de familia, pasadas de generación a generación. En la actualidad, aunque mezclar especias sigue siendo un tanto popular, es más común que las amas de casa lleven sus ingredientes secretos a los molinos para que ahí les terminen el proceso. De hecho, los vendedores de los mercados de Mérida hacen sus recados de esa manera. Los molinos, con sus enormes trituradoras de piedra muelen de manera muy eficaz las mezclas de vendedores, cocineros y amas de casa.

Tenga cuidado al comprar mezclas o pastas. En ocasiones los fabricantes de recados usan maíz, tortillas molidas o harina para agregar volumen; al igual que colorante de comida para compensar por estos rellenos. Recuerdo haber preparado mondongo kabic (p. 58) usando un recado que compré en el supermercado. Al agregar este "recado" al caldo, casi inmediatamente se hizo una especie de atole. Obviamente ese recado tenía harina.

¿Mi consejo para comprar un buen recado? Oler y probarlo. Por ejemplo, un buen recado rojo debe oler a semillas de achiote. ¿Y cómo saber a que huelen éstas? Con la mano llena de semillas de achiote dele una buena olida y sabrá de inmediato a que debe oler un buen recado rojo.

Salsas y más

Los yucatecos también valoran sus salsas frescas, salsas hechas con ingredientes frescos del mercado. Muchas salsas tienen como ingrediente el super picante chile habanero, que también es un icono de la cocina yucateca. Estos pequeñitos tienen un rango entre 150,000-325,000 en la escala Scoville, haciéndolos extremadamente picosos. (Para más información sobre la escala Scoville y el chile habanero, ver el glosario). A medida que vaya experimentando con los platillos de este libro de cocina, encontrará salsas que son ingredientes clave en determinados platillos. Éstas incluyen salsas de tomate y de semillas de calabaza.

Fotografías de esta página, de arriba hacia abajo: Cerros de recados en el mercado, chef Cetina con el molinero de recados, y los infames chiles habaneros.

Página opuesta (siguiendo las manecillas del reloj, desde arriba): Recado negro (p. 12), recado rojo (p. 12), semillas de calabaza tostadas molidas (p. 17) y el recado para bistec (p. 12).

Recados

Recado rojo
(Pasta de achiote o recado colorado)

Rinde aproximadamente 1 taza (foto en la página 10)

Éste es el patriarca de todos los recados, jugando un papel principal en el platillo más representativo de Yucatán, la cochinita pibil (p. 83). También le da sabor a los tamales, platillos con pollo, caldos, tikin xic (ver recetas), etc. Probablemente es el recado más usado. Y como todos los recados, es fácil de preparar.

1/2 taza de achiote molido

1 cucharada de pimienta blanca molida

4 cucharadas de sal

1 cucharada de ajo en polvo

1 pizca de clavo molido

1 pizca de pimienta gorda molida

1 pizca de orégano

1/4 taza de vinagre blanco

1/4 taza de agua

1. Mezcle todos los ingredientes en un recipiente no reactivo (vidrio o acero inoxidable) hasta que todo esté bien incorporado.

2. Ya está listo para usar inmediatamente.

Recados: Sorpresas de sabor

Los recados en Yucatán son lo que los moles significan en Oaxaca. Son tesoros regionales e ingredientes importantes en la cocina yucateca. Los recados son mezclas únicas de especias y hierbas molidas que se usan en marinados en una gran cantidad de platillos. Unos son más usados que otros (ver recado rojo). No son complicados de preparar y los recados caseros son mucho mejores que los que venden en las tiendas o supermercados. Aunque algunos son ligados a particulares recetas, experimente usando los recados en diversos platillos de su preferencia. Le darán un sabor especial a su comida. Si refrigera los recados en un contenedor sellado, se mantendrán por tiempo indefinido. (Consulte el recuadro referente al achiote en la página 84 y en el glosario).

Recado negro

Rinde aproximadamente 2 tazas (foto en la página 10)

Este recado es él que mejor captura la preferencia que tenían los antiguos mayas por ciertos sabores, específicamente de los quemados. Este recado le da un sabor y color oscuro único a la comida. Es el recado que se usa para la receta del buth negro y el pavo en relleno negro (pp. 105 y 77).

3 libras de chile de árbol sin semillas (ver glosario)

2 cucharadas de sal

2 galones de agua

1 cucharadita de pimienta en grano (pimienta de castilla)

8 pimientas gordas (pimienta tabasco) (ver glosario)

10 clavos enteros

1 cabeza de ajo, pelada

20 hojas frescas de orégano

1 cucharada de semillas de achiote

1. Queme los chiles en un comal (o sartén) caliente. Los chiles deben quedar negros por todos lados.

2. Disuelva la sal en el agua y remoje los chiles quemados en el recipiente con agua salada por 1 hora.

3. Drene los chiles y enjuague en agua limpia (ver notas).

4. Muela los chiles, las pimientas gordas, las pimientas en grano (de castilla), el clavo, el ajo, el orégano, y las semillas de achiote en un molino de café hasta formar una pasta como masa. Si la mezcla está muy seca, agréguele un poquito de agua.

Notas: Al enjuagar los chiles en agua se reduce un poco el picante de estos. Si usted prefiere que estén picosos no los enjuague, solo drene el agua salada. Si quiere reducir aún más el picante, enjuague los chiles en agua limpia y repita varias veces.

Recado para bistec
(o recado blanco)

Rinde aproximadamente 1 taza (foto en la página 10)

Este recado es excelente para marinar ciertas carnes. Es el recado que se usa para el pollo alcaparrado (p. 65), y empanizados como el puerco empanizado (p. 90). Como su nombre lo indica, es el marinado que se usa para bistec.

1/2 taza de pimienta blanca molida

1 cucharada de ajo en polvo

1/4 taza de vinagre blanco

1/4 taza de agua

1. Mezcle todos los ingredientes en un recipiente no reactivo (vidrio o acero inoxidable) hasta que todo esté muy bien incorporado.

Recado para escabeche

Rinde aproximadamente 1 taza

Esta mezcla de especies se usa exclusivamente para escabeches—carnes, pescados, mariscos y verduras curtidos, como el pollo en escabeche y calamares en escabeche (pp. 66 y 119), por nombrar algunos.

1/2 taza de pimienta blanca molida

1 cucharada de ajo en polvo

1 pizca de clavo molido

1 pizca de orégano molido

1 pizca de comino molido

1/4 taza de vinagre blanco

1/4 taza de agua

1. Mezcle todos los ingredientes en un recipiente no reactivo (vidrio o acero inoxidable) hasta que todo esté muy bien incorporado.

Recado para puchero

Rinde aproximadamente 1 taza

El nombre le dice todo lo que necesita saber sobre este recado. Se usa solamente para el puchero (p. 56).

1/2 taza de pimienta blanca molida

1 cucharada de ajo en polvo

1 pizca de clavo molido

1 pizca de orégano molido

1 pizca de comino molido

1 pizca de canela molida

1 pizca de azafrán

1/4 taza de vinagre blanco

1/4 taza de agua

1. Mezcle todos los ingredientes en un recipiente no reactivo (vidrio o acero inoxidable) hasta que todo esté muy bien incorporado.

Salsas

Pico de gallo

Rinde aproximadamente 2 tazas (ver foto en la página 112)

Esta salsa fresca es conocida en todo México. Es un clásico y prácticamente solo requiere cortar los ingredientes.

4 tomates roma, cortados en cubitos

1/2 cebolla roja, cortada en cubitos

3 ramitas de cilantro, finamente picadas

1/2 cucharadita de sal

El jugo de medio limón

1. Corte los tomates, la cebolla roja y el cilantro en cubos de similar tamaño. Mezcle los ingredientes con el jugo de limón y la sal. Enfríe.

Notas: Esta salsa es excelente como botana si se sirve con tostaditas o como acompañamiento de muchos platillos.

X'nipek
Salsa de nariz de perro

Rinde aproximadamente 2 tazas (ver foto en la página 14)

A pesar de su nombre exótico, el x'nipek es pico de gallo pero con chile habanero como ingrediente extra. X'nipek quiere decir "nariz de perro" en maya. Y esta salsa x'nipek toma su nombre por que si abusa de ella, le quedará la nariz sudada y mojada como la de un perro.

1 receta del pico de gallo (arriba)

1 chile habanero, finamente picado

1. Siga la receta del pico de gallo.

2. Añada el chile habanero. Enfríe.

Notas: Así como el pico de gallo, también puede ofrecer el x'nipek como botana o como acompañamiento de muchos platillos. Con la diferencia de que debe advertirle a sus invitados que es ¡MUY PICANTE!

SALSA DE CHILE HABANERO

Rinde aproximadamente 4 tazas (foto a la izquierda)

Esta salsa es la que mejor representa al chile habanero. Podría comprarla embotellada pero como deberá imaginarse, hecha en casa sabe mejor. Tome todas sus precauciones al manejar chiles, en especial éste. Es una magnífica salsa para servir a un lado de su plato. Lo mejor es dejar que sus invitados decidan si lo comen o no. ¡Es muy picante!

4 tazas de agua

1 libra de chile habanero (no los verdes)

1/2 libra de cebolla blanca, picada

4 dientes de ajo, pelados

1/3 taza de vinagre blanco

2 cucharadas de sal

OPCIONAL (ver notas)

4 cucharadas de fécula de maíz (maicena) (ver glosario)

2 cucharadas de agua

1. Ponga el agua en una olla y cuando empiece a hervir agregue los chiles, la cebolla picada y el ajo. Hierva de 15-20 minutos hasta que los chiles se despedacen.

2. Vierta en una licuadora los ingredientes hervidos (incluyendo el agua), el vinagre y la sal. Licúe hasta obtener una textura suave y uniforme.

3. Opcional: Para espesar un poco la salsa, mezcle la fécula de maíz con dos cucharadas de agua hasta que tome una textura suave. Ponga la salsa en una olla a fuego medio y agregue la pasta de la fécula de maíz a la salsa, moviéndola constantemente hasta que la fécula de maíz se cueza (5 minutos aproximadamente).

Notas: El paso 3 es opcional. Espesar la salsa evita que los líquidos se separen de los sólidos. Si no le gusta la salsa espesa, solo agite o mueva la salsa antes de usar.

CHILE KUT

SALSA DE CHILES HABANEROS ASADOS

Rinde aproximadamente 1/3 de taza (foto a la izquierda)

Esta salsa es extremadamente picante, así que tome sus precauciones al prepararla, y advierta a sus invitados al ofrecerla. Sin duda, a pesar de esta advertencia, siempre

A la izquierda, desde arriba hacia abajo: Salsa de chile habanero, chile kut y x'nipek (p. 13).

habrá quien presuma de cuanto picante puede comer aún cuando el sudor le corra por toda la cara. Alcanza lo máximo de su picante en el primer día y con el tiempo empezará a disminuir. Créalo o no, durante el primer concurso de quien comía más salsa de chile kut llevado a cabo en el restaurante Chichén Itzá en el 2011, el ganador se tomó ¡4 tazas y media de esta salsa!

10 chiles habaneros enteros

2 dientes de ajo

4 cucharadas de vinagre blanco

4 cucharadas de aceite de olivo

1 cucharada de sal

1. Ase los chiles y el ajo sobre un comal caliente o directo sobre la flama hasta que queden oscuros pero no completamente quemados.

2. Ponga los chiles en un molcajete (ver glosario) con el resto de los ingredientes. Muela hasta que todo esté bien mezclado. También podría usar una licuadora o procesador. Esta salsa debe ser densa.

Notas: Para consejos sobre como asar chiles, ajos y tomates, consulte la sección de técnicas. Asegúrese de ventilar su cocina cuando vaya a asar chiles ya que su humo es asfixiante. Use guantes de plástico o látex cuando esté manejando chiles.

SALPICÓN
ACOMPAÑAMIENTO DE RÁBANOS Y CILANTRO

Rinde aproximadamente 1/2 taza (ver foto en la página 101)

En realidad el salpicón no es una salsa fresca que se coma por si sola. Pero es parte integral del salpicón de res y del salpicón de venado (pp. 100 y 110) y como guarnición de otros platillos. Así que prepárese para consultar esta receta más adelante. Es muy rápida de preparar. Para darle una mejor vista, corte finamente los ingredientes.

10 rábanos, finamente picados

1 atado de cilantro, finamente picado

El jugo de 5-6 naranjas agrias (o jugo de limón)

1 cucharadita de sal

1. Ponga los rábanos, el cilantro, el jugo de naranja agria (o de limón) y la sal en un tazón y mezcle.

Notas: Las naranjas agrias tienen muchas semillas, así que es mejor si exprime las naranjas a través de un colador. Si una de las semillas cae en su comida usted se dará cuenta ya que es muy amarga.

SALSAS DE TOMATE

SALSA DE TOMATE

Rinde aproximadamente 5 tazas (foto en la página 24)

Esta salsa de tomate es usada en muchos platillos, así que es una buena idea aprender a hacerla bien. Notará que esta salsa de tomate es de las pocas recetas que utiliza tomate bola en lugar del usual tomate roma.

5 tazas de agua

4 tomates bola (alrededor de 2 libras)

3-4 dientes de ajo pelados y aplastados

1 cebolla blanca mediana, cortada en cuartos

2 cucharaditas de sal

3 cucharadas de aceite vegetal

1. Ponga a hervir el agua en una olla. Agregue los tomates (enteros), el ajo, la cebolla y la sal. Hierva estos ingredientes por 30 minutos aproximadamente o hasta que los tomates se despedacen fácilmente.

2. Licúe hasta obtener una especie de puré. Si tiene una licuadora pequeña, hágalo por partes. La salsa es aguada.

3. Caliente el aceite en una sartén grande. Vierta el puré con cuidado, mueva ocasionalmente y déjelo cocer a fuego medio de 25-30 minutos o hasta que espese un poco. Debe fluir con facilidad y al mismo tiempo tener suficiente cuerpo para mantenerse en una cuchara sin que se escurra. Ajuste la sal.

Notas: En la mayoría de las recetas de este libro, encontrará que el tomate preferido es el tomate roma, pero para hacer salsa de tomate se usa el tomate bola por ser menos ácido que el roma.

SOFRITO DE TOMATE

Rinde aproximadamente 4-5 tazas (ver foto en la página 33)

A veces las cosas más simples hacen un platillo mucho más especial. El sofrito de tomate es una de esas guarniciones que se usan para darle más sabor a ciertas comidas. Un ejemplo claro de ello es el pan de cazón (p. 122). ¿Quién lo podría imaginar sin el sofrito que lleva encima? También lo necesitará para hacer codzitos (p. 24), papadzules (p. 36) y tamales (capítulo 9).

2 cucharadas de aceite de olivo

1/2 cebolla blanca, picada

1 diente de ajo, finamente picado

6 tomates roma (1 1/2 libras aproximadamente), picados

2 tazas de salsa de tomate (p. 15)

1 cucharadita de sal

1. Caliente el aceite en una sartén y añada las cebollas, salteándolas por 1 minuto aproximadamente.

2. Agregue el ajo, los tomates y la sal. Saltee por unos 5 minutos o hasta que los tomates se despedacen.

3. Vierta la salsa de tomate y cuézala hasta que se reduzca parte del líquido.

Notas: Esta salsa es un poco densa en comparación con la salsa de tomate (p. 15) que es más parecida a un puré.

CHILTOMATE
SALSA DE TOMATES ASADOS

Rinde aproximadamente 2 tazas (foto en la página 88)

Usted notará que esta salsa es usada en específicos platillos, pero es una salsa que hace buena par con cualquier comida. Otra vez, el chile habanero es opcional, aunque sí le da un toque muy especial a esta salsa. Así que tal vez pueda ponerle un cuarto o la mitad del chile.

10 tomates roma

1 chile habanero (opcional)

3-4 ramitas de cilantro, picadas

1/2 cucharita de sal

1. Ase los tomates y el chile en un comal a fuego medio hasta quemarlos por fuera y que estén suaves al tacto. Si el comal está muy caliente los tomates no se cocerán por dentro. Déjelos enfriar. (Ver técnicas).

2. Ponga los tomates y el chile dentro de un procesador en una modalidad donde el tomate quede troceado. También podría usar un molcajete. No lo deje como puré.

3. Agregue en un tazón el cilantro picado, la sal, el tomate y el chile asado. Mezcle los ingredientes hasta que se incorporen.

OTRAS SALSAS

SALSA DE ACHIOTE PARA TIKIN XIC

Rinde aproximadamente 2 cuartos de galón (foto en la página 112)

Ésta es una salsa que contribuye enormemente al sabor y color del tikin xic (p. 125). Entonces definitivamente querrá tener un poco de recado rojo a la mano.

2 cuartos de galón de consomé de pollo o pescado

1 onza (1 1/2 cucharadas) de recado rojo (p. 12)

2-3 cucharadas de jugo de naranja agria (o de jugo de limón)

3-4 cucharadas de fécula de maíz (maicena)

Sal al gusto

1. Hierva el consomé de pollo o de pescado en una olla. Diluya en una taza la pasta de recado rojo con el consomé y cuele de regreso a la olla.

2. Vierta el jugo naranja agria (o jugo de limón).

3. Diluya la fécula de maíz en una taza con un poco de consomé hasta mezclar los ingredientes. Vierta lentamente esta mezcla de regreso a la olla, moviéndola constantemente hasta que todo esté bien incorporado y sin grumos.

4. Cueza la salsa a fuego medio y muévala ocasionalmente, de 6-8 minutos o hasta que la salsa espese lo suficiente para cubrir una cuchara y que no se escurra. Ajuste la sal.

SALSA DE ACHIOTE PARA TAMALES

Rinde aproximadamente 1 galón

Ésta es la salsa que se usa para rellenar muchos de los tamales yucatecos. Por favor, consulte la receta del caldo de pollo (p. 48) para hacer el consomé que se necesita para esta receta. Para el relleno de los tamales, también necesitará la carne del pollo que coció para hacer el consomé, así que guárdela.

1 galón de caldo de pollo (p. 48) (dividido en cuartos)

1 onza (1 1/2 cucharadas) de recado rojo (p. 12)

6 tomates roma, en cuartos (1 1/2- 2 tazas)

4 ramitas de epazote

8 onzas de masa de maíz para tortillas (ver glosario)

Sal al gusto

1. Ponga 3 cuartos de galón del caldo de pollo en una olla a fuego alto. Tome una taza del caldo y diluya en ésta el recado rojo. Cuele la mezcla del recado diluido y regrese a la olla del consomé hirviendo.

2. Agregue los tomates y el epazote al consomé hirviendo, reduzca la flama y continúe cociendo en la olla sin tapar hasta que los tomates se suavicen y se despedacen fácilmente.

3. Diluya la masa de maíz para tortilla en el caldo de pollo restante.

4. Vierta poco a poco la masa diluida en la olla del consomé, moviendo constantemente. Cueza y mueva la salsa hasta obtener una consistencia espesa. Tal vez no sea necesario usar toda la masa diluida. Ajuste la sal.

Semillas de calabaza tostadas sin cáscara molidas

Rinde aproximadamente 1 libra de semillas molidas (foto en la página 10)

Estas semillas molidas son usadas en la mayoría de los platillos que tengan en su nombre la palabra "en pipián", como por ejemplo las costillas en pipián (p. 87). También sirve de base para el dulce de mazapán. Este dulce es una versión del Nuevo Mundo en la que sustituyeron las almendras del dulce de mazapán del Viejo Mundo por semillas de calabazas. Las semillas molidas se mantienen por 3 meses sí se refrigeran en un contenedor sellado.

1 libra de semillas de calabaza sin cáscara

1. Caliente un comal a fuego medio y extienda las semillas uniformemente sobre el comal. (Tal vez necesite hacerlo por partes).

2. Tueste las semillas, volteándolas ocasionalmente con una espátula. Las semillas deberán obtener un color dorado y una textura crujiente al probarlas. No las queme.

3. Déjelas enfriar.

4. Ponga las semillas en un molino de café o en un procesador de comida en una modalidad en la que las semillas queden finamente molidas.

Notas: También puede tostar y moler las semillas de calabaza con cáscara de la misma manera que las semillas de calabaza sin cáscara. En la mayoría de los casos, puede usar cualquiera de las dos. La preferencia de uso entre los cocineros yucatecos es meramente económica. Las semillas con cáscara son más económicas que las descascaradas.

Sah Kol
Salsa blanca

Rinde aproximadamente 3 tazas

Esta salsa es muy simple de preparar y es usada en platillos que pidan sah kol, como por ejemplo el sah kol de pavo (p. 75). Lo podría llamar el *bechamel* yucateco.

4 tazas de consomé de pollo

3-4 cucharadas de masa de maíz (ver glosario)

Sal al gusto

Pimienta negra molida, al gusto

1. Caliente el consomé de pollo en una olla a fuego bajo o medio hasta que hierva.

2. Disuelva la masa de maíz en un poco del consomé y vierta de regreso a la olla, moviendo constantemente la mezcla hasta que espese lo suficiente como para cubrir una cuchara sin que gotee.

3. Añada la sal y pimienta al gusto.

Salsa Tártara
del Restaurante Chichén Itzá

Rinde aproximadamente 1 taza (foto en la página 124)

Es una guarnición para platillos de pescados y mariscos. Obviamente el chile habanero le da un sabor extra especial a esta salsa.

1 taza de mayonesa

2 cucharadas de cebolla blanca finamente picada

1 cucharadita de alcaparras finamente picadas

1 cucharadita de jugo de limón

1/2 chile habanero, finamente picado (opcional)

1. Mezcle todos los ingredientes en un tazón. Enfríe.

CAPÍTULO 2 ··

ANTOJITOS Y ENTRADAS

Los yucatecos no tienen por que envidiarle ni sus tapas a los españoles, ni sus mezes a los del Medio Oriente, ya que cuando a botanas y aperitivos se refiere, los yucatecos tienen mucho que ofrecer. Y a los yucatecos nos gusta "botanear".

Los platillos que aquí les presentamos son excelentes como aperitivos o como entradas. Algunos podrán verse más como guarniciones como por ejemplo la ensalada de papa o el arroz con plátanos fritos (recetas en la página 29), pero de hecho, estos son ofrecidos en bares como botanas, y sí, también los pueden servir como acompañamientos.

Entre la compilación de recetas en este capítulo, encontrará muchos aperitivos que son platillos representativos de la cocina yucateca. Incluyen los panuchos, salbutes, xec y sikil pac. Los kibis, la crema de garbanzo y los arrolladitos de repollo representan la fuerte influencia extranjera en la península. (Ver recetas).

Página opuesta, siguiendo las manecillas del reloj empezando desde la fotografía superior a la izquierda: Chile x'catic relleno de cazón (p. 25), crema de garbanzo (p. 31), arroz con plátanos (p. 29) y ensalada de papa (p. 29).

Fotografías a la derecha, desde arriba: "Tortillas para panuchos" listos para llevar a casa; la catedral de Mérida, Yucatán; venta de jícamas por kilo.

PANUCHOS
GUARNICIÓN SOBRE TORTILLAS RELLENAS DE PURÉ DE FRIJOLES

Rinde 15 panuchos; para aproximadamente 6-8 personas

INGREDIENTES

1 libra de masa para tortillas (o masa hecha con harina de maíz) (ver glosario)

3/4 cucharadita de sal

1 taza de frijoles colados (p. 144)

Aceite vegetal

GUARNICIONES

Lechuga, finamente rebanada

Pavo o pollo asado desmenuzado (pp. 74 y 71)

Cebolla para panuchos (p. 142)

1 tomate roma, en rebanadas

1/2 aguacate, en rebanadas

Salsa de chile habanero (p. 14) (opcional)

El panucho es el antojito estrella en Yucatán, y hecho de la manera correcta, es una fuente de orgullo para cualquier yucateco. Es de la familia de muchos clásicos antojitos mexicanos que tienen como base pequeñas tortillas que son rellenas y llevan encima una variedad de ingredientes. Es un proceso laborioso ya que la preparación del panucho es pura técnica y requiere de práctica para alcanzar la perfección. Ahora, si usted se encuentra en Yucatán, podría ir a cualquier mercado y comprar las tortillas preparadas y listas para freír, así nada más tendría que ponerle el resto de las guarniciones (ver foto en la página 21). Ya que tal vez esto no sea posible, póngase el reto de aprender a cómo manejar la masa de maíz, y una vez que haya dominado este paso, sus panuchos serán un éxito instantáneo.

1. Agregue sal a la masa y mezcle (amase). Si es necesario, vierta un poco de agua a la masa para hacerla maleable. Divida la masa en 15 bolitas. Mientras esté preparando los panuchos, mantenga las bolitas de masa en un recipiente cubierto con plástico adherente para evitar que la masa se seque.

2. Coloque un pedazo de plástico adherente sobre la base interior de la prensa manual de tortillas. Ponga una bolita de masa en el centro de la prensa y coloque otro pedazo de plástico sobre la masa (también puede funcionar con papel encerado). Cierre la prensa y presione hasta formar una tortilla de aproximadamente 6 pulgadas de diámetro.

3. Con cuidado, retire el plástico de la tortilla y colóquela sobre un comal (o sartén) caliente. Cuando la tortilla ya no se pegue al comal, voltéela boca abajo. Con la tortilla en el comal, presione la tortilla con una toalla de tela limpia y doblada para que se infle la tortilla. Presione también los bordes de la tortilla con la toalla para asegurarse de que se infle de manera uniforme. Deje la tortilla unos segundos en el comal antes de retirarla.

4. Con mucha precaución, haga una apertura en un borde de la tortilla inflada—una apertura de 3 pulgadas es suficiente. Luego, levante el hollejo de la tortilla creando una especie de bolsillo. La tortilla todavía estará muy caliente, así que tenga cuidado. No rompa ni separe completamente el hollejo de la tortilla y tampoco haga una apertura demasiado grande. Enfríe las tortillas sobre toallas de papel o de tela. Repita los pasos 2, 3 y 4 para cada tortilla. (Los expertos en la preparación del panucho inflan la tortilla con una sola soplada de manera que la parte superior de la tortilla se separa del resto creando el bolsillo perfecto).

5. Ya que estén frías, tome una tortilla, levante con cuidado el hollejo de la tortilla y usando una cuchara pequeña, meta una cucharada de frijoles colados dentro de la bolsita. Presione con sus dedos toda la superficie de la tortilla asegurándose de distribuir uniformemente los frijoles dentro de la tortilla. Repita el proceso con cada panucho.

6. Para terminar, ponga el panucho sobre un comal (o sartén) con aceite y dore por ambos lados, aproximadamente 2-3 minutos por cada lado.

7. Escurra y retire el exceso de aceite del panucho con toallas de papel. Repita el proceso con cada panucho. Los pasos 6 y 7 los debe llevar a cabo poco antes de empezar a servir, ya que los panuchos saben mejor recién hechos.

Fotografía por Gilberto Cetina, Jr.

8. Para ensamblar el panucho: Coloque la lechuga finamente rebanada sobre el panucho, seguido por el pavo o pollo asado desmenuzado, la cebolla para panuchos, una rebanada de tomate y una rebanada de aguacate. Acompañe sus panuchos con un poco de salsa de chile habanero a un lado.

Consejos: No ponga los frijoles dentro de la tortilla hasta que la tortilla se enfríe para evitar que la capa superior de la tortilla se separe completamente del resto. También asegúrese de distribuir los frijoles de manera uniforme dentro del panucho. Si no, es posible que se rompa al momento de dorarlo. Hágalo presionando ligeramente sobre la superficie del panucho esparciendo los frijoles con la yema de los dedos; No deje que el frijol se salga del panucho para evitar salpicaduras al momento de freír. Recuerde que las guarniciones deben ser proporcionales para que ninguna de éstas domine sobre el panucho. Y para terminar, en Yucatán, muchas veces le añaden una rebanada de pepino y de jalapeño a la lista de guarniciones.

GUARICIONES SAGRADAS Fuera de Yucatán probablemente encontrará panuchos con cochinita pibil. Pero esto en realidad no lo haría ningún yucateco; sería sacrilegio. La clásica guarnición del panucho es el pavo asado seguido por el pollo asado. El pavo asado es también la típica guarnición de los salbutes con la diferencia de que, en los puestos de comida en Yucatán, los salbutes sí los encuentra con una amplia variedad de guarniciones aceptables. Pueden ser desde huevos cocidos rebanados a carne molida (p. 104) y toda clase de guisados.

Capítulo 2: Antojitos y Entradas

SALBUTES
GUARNICIÓN SOBRE TORTILLA INFLADA DE MAÍZ

Rinde 15 salbutes; sirve aproximadamente 6-8 personas

INGREDIENTES

1 libra de masa de maíz para tortillas (o hecho con masa de harina de maíz) (ver glosario)

3/4 cucharadita de sal

2 cucharadas de harina regular

Aceite vegetal

GUARNICIONES

Lechuga, finamente picada

Pavo o pollo asado desmenuzado (pp. 74 y 71)

Cebolla para panuchos (p. 142)

1 tomate roma, en rebanadas

1/2 aguacate, en rebanadas

Notas: Puede también freír sus salbutes en una freidora. Cuando ponga un salbut en una freidora con aceite caliente (375°F), el salbut se irá hasta el fondo de la freidora. Luego se inflará y subirá a la superficie. Voltee el salbut para terminar de cocer.

Abajo: Cebolla para panuchos (p. 142) sobre un salbut.

Los salbutes son también antojitos típicos de Yucatán que tienen como base la tortilla. Son igual de populares que los panuchos. Su preparación lleva menos pasos que la de los panuchos, aunque también requiere un poco de cuidado al manejar la masa por que necesitará que la tortilla se infle cuando la fría. El truco está en la preparación de la harina.

1. Agregue la sal y la harina a la masa de maíz y mezcle (amase). Si es necesario añada un poco de agua a la masa para hacerla maleable. Divida la masa en 15 bolitas. Mantenga las bolitas de masa en un recipiente cubierto con plástico adherente para evitar que la masa se seque.

2. Ponga un pedazo de plástico adherente en la base interior de la prensa manual de tortillas. Coloque una bolita de masa sobre el centro de la prensa de tortillas y coloque otra pieza de plástico encima de la masa (también puede usar papel encerado). Cierre la prensa y presione hasta formar una tortilla de aproximadamente 6 pulgadas de diámetro. Con cuidado, retire el plástico de la tortilla.

3. Caliente el aceite en una sartén un poco profunda. Ponga la tortilla en la sartén y vaya echando el aceite caliente sobre la tortilla/salbut con una cuchara, hasta que se infle. Después de que se infle, voltee el salbut para terminar de freírlo. El salbut debe tomar un color dorado por fuera pero manteniendo una textura suave por dentro. No lo deje crujiente. Retire de la sartén. Escurra y retire el exceso de aceite del salbut con toallas de papel.

4. Repita los pasos 2 y 3 para cada salbut.

5. Para ensamblar el salbut: Coloque la lechuga finamente rebanada sobre el salbut, seguido por el pavo o pollo asado desmenuzado, la cebolla para panuchos, una rebanada de tomate y una rebanada de aguacate. Acompañe con un poco de salsa de chile habanero (opcional) a un lado. Así como en el panucho, las guarniciones deben ser proporcionales para que ninguna de estas dominen sobre el salbut.

Empanadas de cazón

Rinde aproximadamente 15 empanadas, sirve a 6-8 personas

Las empanadas son antojitos excelentes para ofrecer en fiestas. Lo mejor es que las puede rellenar con una gran variedad de alimentos. Aunque yo prefiero el cazón (ver glosario), el atún es muy buen relleno sustituto. Aún cuando se use atún como relleno, se le sigue llamando empanadas de cazón.

Para preparar el relleno de atún

1. Caliente el aceite en una sartén. Añada el atún y el epazote, saltee por 4-5 minutos.

2. Agregue 1 1/2 taza de salsa de tomate y saltee a fuego medio o alto hasta que la mayor parte del líquido se evapore. Añada sal si es necesario y deje enfriar.

Para preparar la masa

1. Agregue la sal y la harina a la masa y mezcle (amase). Divida la masa en 15 bolitas. Mantenga las bolitas de masa en un recipiente cubierto con una toalla de tela húmeda para evitar que se sequen.

2. Ponga un pedazo de plástico adherente sobre la base interior de la prensa manual de tortillas. Coloque una bolita de masa sobre el centro de la prensa de tortillas y cubra la masa con otra pieza de plástico (también puede usar papal encerado). Cierre la prensa y presione hasta formar una tortilla de aproximadamente 5 a 6 pulgadas de diámetro.

3. Con cuidado, retire el plástico (superior) de la tortilla y ponga una cucharada del relleno de atún en el centro de la tortilla.

Doble la tortilla a la mitad y selle los bordes de la empanada con los dientes de un tenedor. Ponga la empanada en un plato cubierto con plástico adherente.

4. Repita los pasos 2 y 3 con cada bolita de masa. Cubra las empanadas con plástico adherente y refrigere de 20-25 minutos antes de freír.

5. Caliente el aceite en una sartén de 1 pulgada de profundidad aproximadamente. Fría las empanadas de 2-4 minutos por ambos lados hasta que doren. Drene y retire el exceso de aceite con toallas de papel.

Para servir: Coloque las empanadas en un platón y vierta la 1/2 taza de salsa de tomate que reservó como guarnición y la cebolla para cochinita pibil, o póngalas en una canasta con las guarniciones a un lado. Tal vez quiera tener a la mano un poco más de salsa de tomate.

Notas: Puede usar otros rellenos como carne molida (p. 104) o queso gratinado. Si desea usar el último puede usar queso Monterey Jack o Edam (queso de bola). Mi preferido es el queso panela.

Relleno de atún

Aceite vegetal, para preparar el relleno y para freír las empanadas

1 lata de atún en agua, drene el agua y despedace el atún con un tenedor (use ingredientes refinados como el atún blanco u otro pescado blanco cocido)

20 hojas de epazote, picadas

2 tazas de salsa de tomate (p. 15) (reserve 1/2 taza como guarnición de las empanadas)

Sal al gusto

La masa

1 libra de masa de maíz para tortillas (o use masa de harina de maíz) (ver glosario)

3/4 cucharadita de sal

2 cucharadas de harina regular

Aceite vegetal

Guarniciones

Salsa de tomate (de la que separó)

Cebolla para cochinita pibil (p. 142)

Codzitos

Tortillas enrolladas y fritas

Rinde para aproximadamente 4-6 personas

Ingredientes

1 huevo

2-3 cucharadas de harina regular

1 docena de tortillas pequeñas (4 pulgadas aproximadamente)

Guarniciones

1/2 taza de salsa de tomate (p. 15)

2 cucharadas de queso Edam rayado (o queso fresco o Cotija)

Quien sabe por que se nos hace tan rico el sabor de las tortillas fritas y crujientes, pero así es. Los codzitos es prueba de ello y "deben tronar cuando los comes". Los yucatecos que cocinan en casa ponen sus codzitos al sol por uno o dos días para que se sequen y queden extra crujientes al freírlos. Prepare codzitos para su próxima fiesta y deje que empiece la "tronadera".

1. Haga una pasta suave mezclando el huevo y la harina en un tazón pequeño.

2. Caliente una tortilla sobre un comal (o en una sartén) para suavizarla. (Si la tortilla no está tibia, se romperá al tratar de enrollarla).

3. Humedezca sus dedos en la pasta de huevo y harina y unte la pasta en los bordes de la tortilla hasta abarcar la mitad de ésta y enróllelos. La pasta sirve como pegamento para sellar los bordes del codzito. Repita el proceso con las demás tortillas.

4. Caliente el aceite en una sartén de más o menos 1 pulgada de profundidad. Fría los codzitos hasta que doren y tengan una textura crujiente, aproximadamente de 4-6 minutos. Saque los codzitos de la sartén y póngalos sobre una toalla de papel.

Para servir: Coloque los codzitos en un platón. Vierta la salsa de tomate y el queso Edam rayado (u otro queso) sobre los codzitos.

Notas: No, no se saltó ningún paso; los codzitos no están rellenos como los taquitos o las flautas. Pero obviamente vio la similitud entre los tres. La diferencia también está en el tamaño; los codzitos son muy pequeños, luego le siguen en tamaño los taquitos y de último las flautas.

Consejos: Si no puede conseguir tortillas de 4 pulgadas en el supermercado de su localidad y no tiene acceso a una tortillería, siga las instrucciones de como hacer tortillas con masa harina (ver glosario). O haga codzitos más grandes.

Los codzitos son deliciosos si se cubren con una buena porción de salsa de tomate (p. 15).

Chile x'catic relleno de cazón

Chile güero relleno de cazón

Rinde para aproximadamente para 6-8 personas (foto en la página 18)

La receta para hacer estos fabulosos chiles rellenos no es fácil de encontrar, pero recuerdo haberla visto una en un libro de cocina de 1950. Tal vez estos chiles rellenos son más comunes en Campeche. Debería usar ingredientes de muy buena calidad. En esta receta usamos atún, pero normalmente son hechos con cazón (ver glosario). Aún hechos con atún, tengo la costumbre de mantenerle la palabra "cazón" en el nombre.

1. Ase los chiles en un comal o a fuego directo hasta que la piel quede negra y ampollada. Coloque los chiles en una bolsa de plástico de 10-15 minutos para que "suden" (ver técnicas). Déjele los tallos, retire la piel, parta los chiles a lo largo y sáquele las semillas y las venas.

2. Opcional: Para quitarles un poco de picante a los chiles, mezcle el vinagre, la sal y el agua en un tazón. Con cuidado, enjuague los chiles en esta mezcla y seque suavemente con una toalla de papel. Repita el proceso si quiere reducirles aún más el picante.

3. Caliente el aceite en una sartén. Agregue el atún y el epazote (excepto él que separó para decorar). Saltee de 4-5 minutos o hasta que la mayor parte del líquido se haya evaporado.

4. Añada 1 1/2 tazas de salsa de tomate a la sartén y cueza a fuego medio para reducir la mayor parte del líquido. Agregue sal si lo requiere y deje enfriar.

5. Rellene generosamente cada chile con la mezcla de atún. Deben estar gorditos pero sin que la apertura del chile quede muy ancha. Coloque los chiles sobre una toalla de papel con la apertura hacia abajo.

6. Bata los huevos hasta que espumen, agregue sal y pimienta.

7. Ponga la harina en un plato y cubra los chiles delicadamente con la harina. Luego tómelos por el tallo y sumérjalos en el batido de huevo.

8. Caliente el aceite en una sartén un poco profunda. Fría cuidadosamente los chiles rellenos y capeados por ambos lados hasta que el capeado esté cocido y dorado, aproximadamente 3-4 minutos. Retire el exceso de aceite con toallas de papel.

Para servir: Coloque los chiles en un platón y eche un poco de sofrito de tomate sobre ellos, vierta la 1/2 taza de salsa de tomate que separó y agregue el epazote que guardó para decorar.

Consejos: Si quiere, puede rellenar los chiles con anticipación. Pero no los cubra de harina, sumerja en el huevo ni tampoco los fría si todavía no los va a servir. No se mantienen en buenas condiciones. Estos riquísimos chiles rellenos también los puede servir como plato fuerte con arroz blanco y acompañarlos con tortillas de maíz.

Ingredientes

12 chiles x'catic (chiles güeritos), de 3-4 pulgadas de largo (ver glosario)

2 cucharadas de aceite vegetal

1 lata de atún (12 onzas) en agua, drene el agua y desbarate el atún con un tenedor (use ingredientes refinados como el atún blanco u otro pescado blanco cocido)

20 hojas de epazote, cortadas (reserve 5 hojas para decorar)

2 tazas de salsa de tomate (separe 1/2 taza como guarnición para los chiles rellenos) (p. 15)

Sal al gusto

Para Enjuagar los chiles

(Para reducirles parte del picante, opcional)

2 cucharadas de vinagre blanco

1 cucharada de sal

1/2 galón de agua

Capeado para los Chiles

4 huevos

1/4 cucharadita de sal

1/4 de pimienta negra molida

1/3 taza de harina regular

Guarnición

1/3 taza de sofrito de tomate (de la que separó)

Xec
Ensalada de jícama y cítricos

Rinde para aproximadamente 6-8 personas (foto superior izquierda)

Esta ensalada es perfecta como una refrescante entrada o como guarnición. En Yucatán es servida en cantinas como aperitivo. Los clientes la comen con palillos de dientes y la acompañan con una cerveza bien fría.

1. Ponga todos los ingredientes en un tazón y mezcle. Agregue sal si es necesario.

Para servir: Sírvala en un tazón grande o prepare porciones individuales colocando cada porción sobre una cama de hojas de lechuga en un plato o en un tazón pequeño.

Notas: En Yucatán a veces le añaden toronja en cubitos a esta ensalada. Le da un toque especial de acidez a esta fresca ensalada. Puede cortar los ingredientes en cubos de 1/4 a 1/2 pulgada aproximadamente.

Ingredientes

3 naranjas de Valencia, peladas y cortadas en cubos

3 mandarinas, peladas y cortadas en cubos (o una taza de mandarinas de lata, drenandas)

1/2 o 3/4 de taza de jícama pelada y cortada en cubos

4 ramitas de cilantro, finamente picadas

El jugo de 1/2 limón

1/2 cucharadita de sal

1/2 cucharadita (o al gusto) de chile molido o en hojuelas (o chile guajillo tostado y en hojuelas)

Hojas de lechuga (opcional)

Sikil Pac
Botana de semillas de calabaza molidas y tomates asados

Rinde aproximadamente 1 1/2 tazas (foto inferior izquierda)

No se requiere de técnicas elegantes para hacer esta botana, solamente necesita ingredientes frescos. Los invitados a la boda de mi hija recuerdan haber disfrutado mucho de esta botana en la recepción llevada a cabo en Telchac Puerto seguida de la ceremonia en Mérida, Yucatán. También recuerdan la brisa del mar y la luna iluminando el cielo.

1. Siga la receta de las pepitas de calabaza tostadas sin cáscara molidas.

2. Mezcle las semillas molidas, el chiltomate, el chile habanero (opcional), el cilantro y la cebollina en un tazón. Agregue más sal si lo requiere.

Para servir: Acompañe con tostaditas.

Ingredientes

3/4 de taza de pepitas de calabazas tostadas sin cáscara molidas (p. 17)

3/4 de taza de chiltomate (p. 16)

1 chile habanero asado, picado (opcional)

1/4 de atado de cilantro, finamente picado

2 cucharadas de cebollina

1/2 cucharadita de sal o al gusto

Ensalada de pasta

Rinde para aproximadamente 8-10 personas

Para la pasta

1 galón de agua

1 libra pasta de coditos

2 cucharadas de aceite vegetal

1 cucharadita de sal

Para la ensalada

1/2 taza de piña, cortada en cubitos de 1/4 de pulgada (o piña troceada en lata)

1 lata (7.6 onzas) de media crema (o 3/4 de taza de crema 100%) (ver glosario)

1/2 taza de jamón, cortado en cubos (1/4 de pulgada)

1/4 taza de queso Cheddar cortado en cubos (1/4 de pulgada)

1/2 taza de granos de elote enlatados, drenados

1/3-1/2 cucharadita de sal

1/3-1/2 cucharadita de pimienta negra molida

1 cucharada de pimientos, picados (de lata o de frasco)

2-3 cucharadas de chícharos (drenados si son de lata o al descongelar)

Éste es otro aperitivo fácil de hacer. Lo que lleva más tiempo es cortar el jamón y el queso en cubitos de 1/4 de pulgada. Lo puede presentar como aperitivo con galletas saladas como se sirve en Yucatán o como guarnición.

1. Hierva el agua y agregue la pasta, el aceite y la sal. Cueza la pasta al dente (la pasta debe de tener un poco de resistencia al morderla). Drene el agua.

2. Mezcle todos los ingredientes de la ensalada en un tazón, con excepción de los chícharos. Agregue más sal si lo requiere.

3. Mezcle los chícharos y refrigere.

Para servir: Sirva en un recipiente grande, o si lo va a servir en porciones individuales, ponga la ensalada en un plato sobre una cama de hojas de lechuga.

Ensalada de papa

Rinde para aproximadamente 10-12 personas (foto en la página 19)

Ésta no es la típica ensalada de papa, de hecho es más como una ensalada de papa machacada y puede servirse como aperitivo o guarnición. En Yucatán es conocida por ser comida de fiesta.

1. Hierva el agua y agregue las zanahorias dejándolas hervir por 5 minutos.

2. Añada las papas y deje hervir por otros 15-20 minutos o hasta que pueda machacar las verduras con un tenedor. Tire el agua y deje enfriar las verduras.

3. Machaque las zanahorias y las papas con un tenedor o con una prensa de papas hasta que obtenga una textura grumosa—no un puré.

4. Eche la sal, la pimienta y los chiles jalapeños. Mezcle.

5. Ponga la mayonesa y los chícharos. Mezcle.

Para servir: Puede servir la ensalada en un tazón, o puede servirla en porciones individuales poniendo en cada plato uno o dos tantos de ensalada sobre una cama de hojas de lechuga.

Consejos: No aplaste las zanahorias ni las papas hasta hacerlas puré.

Ingredientes

1 galón de agua

3 zanahorias medianas, peladas y cortadas en rebanadas (1/4 de pulgada)

4 papas Russet medianas, peladas y cortadas en cubitos (1 pulgada)

1 cucharadita de sal

1 cucharadita de pimienta negra molida

2 cucharadas (o al gusto) de chiles jalapeños curtidos, picados

1 taza de mayonesa

1/2 taza de chícharos (drenados si son de lata o al descongelar)

Arroz con plátanos fritos

Rinde para 6 personas (foto en la página 19)

Los plátanos fritos le dan un toque dulzón, bonito y colorido a este platillo. Así como otros platillos incluidos en este capítulo, pueden ser servidos como aperitivo o como guarnición.

1. Para preparar una porción, sirva un montículo de arroz blanco (aproximadamente media taza) en el centro de un plato.

2. Coloque 6 rebanadas de plátanos fritos y 4 rebanadas de pimiento rojo sobre el montículo de arroz.

3. Decore con 1/2 cucharada de chícharos. Repita hasta ensamblar las 6 porciones y sirva.

Ingredientes

3 tazas de arroz blanco cocido (p. 146)

36 rebanadas de plátanos fritos (p. 144)

24 rebanadas de pimientos rojos, asados (también puede usar enlatados o de frasco)

3 cucharadas de chícharos (drenados si son de lata o al descongelar)

Kibis sobre una cama de curtido de repollo (p. 151)

Kibis

Tortitas de carne y trigo con hierbabuena

Rinde para 8-10 personas, hace aproximadamente 25-30 kibis

Ingredientes

1 libra de trigo (bulgur) (#2 o mediano)

1 galón de agua

1 libra de carne molida de res

30 hojas frescas de hierbabuena, finamente picadas

1 1/2 a 2 cucharaditas de sal

1 1/2 a 2 cucharaditas de pimienta

Aceite vegetal

Guarniciones

Curtido de repollo (p. 151)

Cebolla para cochinita pibil (p. 142)

Salsa de chile habanero (p. 14)

A veces las personas que visitan Yucatán se sorprenden al descubrir que tan populares son los kibis. Y esto se debe a la gran comunidad de libaneses establecidos en el estado desde hace mucho tiempo, de hecho tienen raíces en la región que datan del siglo XIX. Los kibis son perfectos como botana.

1. Remoje el trigo en un recipiente grande con agua (con 4 tantos más de agua que de trigo, aproximadamente 1 galón). Déjelo reposar por 1 hora.

2. Drene el trigo en un colador, presionándolo para sacarle el exceso de agua.

3. Mezcle con sus manos la carne molida de res, la hierbabuena picada, sal, pimienta y el trigo.

4. Humedezca sus dedos y palmas con aceite vegetal, divida la mezcla con sus manos formando bolitas de 2 onzas aproximadamente. Compacte la carne y trigo dándole palmaditas a cada bolita de la mezcla. Dele forma de tortitas (forma de disco, esa es mi preferida) de 2 pulgadas de diámetro aproximadamente. Repita el proceso hasta usar toda la mezcla de carne y trigo.

5. Caliente el aceite en una sartén profunda. Fría varios kibis a la vez (dejando espacio entre ellos) y dore por ambos lados hasta que adquieran una textura crujiente por fuera y suave por dentro. Aproximadamente de 2-3 minutos por lado. También los puede freír en una freidora a 375°F.

6. Saque los kibis de la sartén y drene sobre toallas de papel. Repita hasta freír todos los kibis.

Para servir: Ponga una cama de curtido de repollo en un platón y coloque los kibis encima. Ponga la cebolla para cochinita pibil sobre los kibis. Acompañe con un poco de salsa de chile habanero a un lado.

Consejos: El secreto para hacer muy buenos kibis es el tiempo que se remoje el trigo. No querrá remojarlo por mucho tiempo por que cuando fría sus kibis los granos se abrirán como palomitas de maíz. Tampoco los remoje por poquito tiempo por que los granos estarán duros y secos. También la proporción entre la carne y el trigo hace una gran diferencia.

Notas: Los kibis vienen en formas variadas y también se pueden comer crudos, horneados o fritos. En Yucatán, se prefiere usar carne de res en lugar de carne de cordero. En Mérida, encontrará que los kibis de los puestos de comida o de vendedores ambulantes tienen una forma cónica por ambos lados y son huecos. Después de freírlos, los cortan y rellenan con la cebolla para cochinita pibil o curtido de repollo. Me maravilla la habilidad que tienen para darles esta forma.

CREMA DE GARBANZO

Rinde aproximadamente 2 tazas (foto en la página 19)

Ésta es otra receta con influencias del Medio Oriente. No se sorprenda cuando vea que tan rápido desaparece este sencillo dip. Lo mejor de esta receta es que es flexible. Puede sustituir el puré de garbanzo por otro puré de verduras para hacer un dip diferente pero igual de delicioso. Y no, este dip no es humus.

1. Drene los garbanzos y licúe en un procesador o licuadora hasta que adquiera una textura suave como un puré.

2. Licúe los huevos con los garbanzos.

3. Vierta lentamente el aceite en la mezcla. Si la mezcla está muy densa, añada agua poco a poco hasta que tome la consistencia correcta como la de un cremoso humus.

4. Agregue la sal y la pimienta. Salpimente al gusto.

Para servir: Sirva en un tazón y acompáñelo con pedazos de pan de pita. O sirva con verduras crudas como zanahorias, jícamas, apio, pimientos, calabazas, etc. No, este dip no se sirve con tostadas.

Notas: Puede usar otro puré de verduras en lugar de los garbanzos. Siga la misma receta pero prepare las verduras siguiendo estas instrucciones. Berenjena: unte dientes de ajo pelados a una berenjena pequeña y ase sobre un comal o en flama directa hasta cocer completamente. Retire la piel y haga un puré con las berenjenas, los ajos, los huevos y el aceite. Chile x'catic o güerito: Ase 10 chiles de la misma manera que las berenjenas (sin los ajos). Retire la piel, sáquele las semillas y las venas y haga un puré con los huevos y el aceite. Ajo: Ase una cabeza de ajo, pélela y haga un puré con los huevos y el aceite. Cilantro: Enjuague un atado de cilantro, séquelo con toallas de papel y corte las raíces dejándole los tallos y ramas y haga un puré con los huevos y el aceite.

INGREDIENTES

1 lata (15 onzas) de garbanzos, drenados (o 1 taza de puré de otra verdura, ver notas)

2 huevos

1 taza de aceite vegetal (o de maíz o de olivo)

1/4 cucharadita de sal

1/4 cucharadita de pimienta negra molida

ARROLLADITOS DE REPOLLO
HOJAS DE REPOLLO RELLENOS DE CARNE MOLIDA

Rinde para 8-10 personas, hace aproximadamente 25-30 arrolladitos

INGREDIENTES

Agua para cocer el repollo al vapor y para remojar el arroz

1 cabeza grande de repollo

1 libra de carne molida de puerco

1 taza de arroz de grano pequeño (o arroz Rose) crudo

2 cucharadas de pimienta negra molida

2 cucharaditas de sal

4-5 tazas de sofrito de tomate (p. 15)

Estos arrolladitos obviamente tienen sus raíces en el Medio Oriente. Toma un poco de tiempo para hacerlos, pero vale la pena el esfuerzo. Esta receta hace aproximadamente 30 arrolladitos, pero no piense ni por un minuto que son demasiados. Se acabarán en un dos por tres. Si está buscando una opción vegetariana, sustituya la carne por verduras, como zanahorias y papas. Y sí, estos arolladitos llevan mucha pimienta.

1. Remoje el arroz crudo por 30 minutos en suficiente agua cubriéndolo completamente.

2. Con un cuchillo pequeño, corte y retire una buena parte del tallo del repollo. Con 1 pulgada de profundidad aproximadamente es suficiente.

3. Ponga la cabeza de repollo en una vaporera y hierva el agua. Cueza la cabeza de repollo al vapor de 2 a 3 minutos (una tamalera o vaporera hará más fácil el proceso).

4. Saque con cuidado la cabeza de repollo y desprenda 2 o 3 hojas, tratando de no romperlas.

5. Repita los pasos 3 y 4 hasta tener un poco más de 15 hojas de repollo. Guarde unas cuantas hojas para poner en la base de la vaporera, en caso de que tenga que parchar algunos arrolladitos y por si necesita hacer más.

6. Para cortar las hojas de repollo, quite el centro grueso de la hoja con un cuchillo pequeño. Así sacará 2 piezas de cada hoja.

7. Mezcle en un tazón grande la carne molida de puerco, el arroz sin cocer, la pimienta negra y la sal.

8. Ponga aproximadamente 1 1/2 cucharada de la mezcla de carne en el centro de una de las hojas y dóblela como un burrito. No lo enrolle muy apretado ya que el arroz se expande a medida que se va cociendo. Utilice las hojas que separó en caso de que sea necesario parchar las hojas más grandes.

9. Coloque unas piezas de repollo sobre el disco de la vaporera con agua. Acomode los arrolladitos en la vaporera lo más pegados que pueda. Vierta una buena cantidad de sofrito de tomate y ponga encima otra capa de arrolladitos. Repita los pasos.

10. Coloque la última capa de arrolladitos, vierta más sofrito de tomate y cubra con una capa de las hojas que no utilizo. Tape la vaporera o cubra con papel aluminio.

11. Cueza al vapor por una hora. Saque un arollladito y pruébelo. La carne debe estar cocida y el arroz debe estar suave. Si es así, retire la vaporera del fuego. Si no, deje cocer los arrolladitos por 15 o 20 minutos más y pruebe de nuevo.

Para servir: Lo puede servir en un platón con más sofrito de tomate. Para porciones individuales, sirva de 2 a 3 arrolladitos en un plato con sofrito de tomate.

Nota: Sea generoso con el sofrito de tomate durante el proceso de cocimiento, asegúrese de tener suficiente sofrito a la mano (por lo menos 5 tazas).

También asegúrese de usar arroz corto ya que es mucho más suave que el de grano largo.

Consejos: Tenga mucho cuidado al sacar la cabeza de repollo de la vaporera o de la tamalera. Inserte un trinchante en el centro del repollo para sacarlo y para quitarle fácilmente las hojas.

Los arrolladitos de repollo deben tener mucho sofrito de tomate (p. 15).

Capítulo 3

Huevos

Los españoles introdujeron las gallinas al Nuevo Mundo. Eso no quiere decir que los mayas no valoraban la gran fuente de proteína que los huevos de otros animales les brindaban. Los huevos de reptiles y aves salvajes eran recolectados y comidos. Pero a excepción de un tipo de pavo (ver pavo en el glosario), no tenían otras aves domesticadas. Indudablemente la recolecta cotidiana de huevos de gallinas domesticadas debió ser muy apreciada.

Como ha de esperarse, muchos de los platillos que tienen huevo como ingrediente principal son perfectos como desayuno, aunque también son muy buenos como almuerzo ligero o cena. Uno de los platillos vegetarianos más populares en Yucatán son tortillas rellenas de huevos duros y empapadas en salsa de semilla de calabaza—papadzules (p. 36).

Página opuesta: Papadzules (p. 36).

Fotografías a la derecha, desde arriba: Un super moncho especial en el restaurante Moncho en Mérida, Yucatán; las barras de francés (o pan francés) saliendo del horno.

PAPADZULES
TORTILLAS RELLENAS DE HUEVO CON SALSA DE SEMILLAS DE CALABAZA

Rinde para aproximadamente 6-8 personas (foto en la página 34)

SALSA DE SEMILLAS DE CALABAZA

2 cuartos de galón de agua

10 onzas de pepitas de calabaza tostadas sin cáscara molidas (p. 17)

1/2 atado de epazote fresco

1 cucharada de sal

RELLENO Y GUARNICIONES

12 huevos duros, machacados y con una pizca de sal

24 tortillas

GUARNICIONES

1-2 tazas de salsa de tomate (p. 15)

1-2 tazas de sofrito de tomate (p. 15)

Aceite de semilla de calabaza (opcional) (ver glosario)

En la época de las grandes haciendas, los papadzules estaban entre los platillos favoritos de los hacendados o dueños de ranchos. Sabemos esto por el nombre del platillo: "papa" que significa "comida" y "dzules" que significa "caballeros de las haciendas". Es decir, los papadzules eran comida para los hacendados. Sorprendentemente ligero y al mismo tiempo satisfactorio, es uno de los platillos favoritos de Kathy. Le encanta su reconfortante sabor y su apariencia que le recuerda a piedras preciosas. Este platillo tiene claras raíces mayas por el predominante uso de ingredientes precolombinos. Es también un platillo perfecto para vegetarianos.

1. Hierva el agua y agregue las semillas de calabaza tostadas y molidas, el epazote y la sal. Cueza a fuego lento por 15 minutos. La salsa estará lista cuando tenga una consistencia pastosa y no granulada.

2. Licúe la salsa en una licuadora o con una licuadora de mano.

3. Regrese la salsa a la olla, cueza hasta que se reduzca y tome una consistencia como un mole ligero (si sumerge una tortilla en la salsa la debe cubrir sin que se escurra). Tape y mantenga la salsa tibia.

PARA ENSAMBLAR Y SERVIR

1. Caliente una tortilla y sumérjala en la salsa de semilla de calabaza. Ponga más o menos 2 cucharadas de huevos duros machacados sobre la tortilla y enróllela como si fuera una enchilada o un taquito. Repita, hasta que sumerja, rellene y enrolle todas las tortillas.

2. Coloque 3 o 4 tortillas empapadas, rellenas y enrolladas en un plato. Vierta unas buenas cucharadas de salsa de tomate alrededor de los papadzules y póngale unas cucharadas de sofrito de tomate encima. Disperse unas semillas de calabaza tostadas y sin cáscara y decore con unas gotitas de aceite de semilla de calabaza sobre el plato.

Notas: El aceite de semilla de calabaza es un ingrediente un tanto caro. De hecho es mi toque personal. Le da clase y un sabor anuezado al platillo. Puede comprar este aceite de semilla de calabaza en tiendas gourmet o puede comprarlo por Internet. Para más información sobre la semilla de calabaza y azeite de calabaza, consulte el glosario.

TORTILLAS . . . DE MAÍZ

En Yucatán las tortillas de preferencia son las de maíz. Son más delgadas y pequeñas que las que encuentra en Estados Unidos. Ahí es común tomar una tortilla, doblarla a la mitad y usarla como cuchara para tomar, por ejemplo, un poco de puerco entomatado (p. 92) y un poco de frijol para así comer todos los componentes del platillo de un solo bocado. También es común servir el puerco entomatado sobre pimes, como si fuera sobre una tostada. Los pimes son tortitas gruesas de maíz que han sido pellizcados y calentados en un comal. Al pellizcarlos se forman unos cráteres que evitan que los jugos de la carne se salgan del pime. (La fotografía en la página 80 muestra el puerco entomatado sobre un pime). Las tortillas también se pueden usar para otras funciones. Recomiendo ampliamente usarlas para probar la suavidad de las carnes. Yo tomo una tortilla y con ella arranco un pedazo de carne. Si la carne se desprende fácilmente, ya sé que está lista. Ésta es mi prueba de la tortilla (ver técnicas). (Para más información sobre masa de maíz y masa harina, consulte el glosario).

Huevos con longaniza

Rinde para aproximadamente 6 personas

Éste es en Yucatán el equivalente de los huevos con chorizo, un popular desayuno. La longaniza (ver glosario) es la carne de elección para esta receta, pero también la puede sustituir por chorizo mexicano que debe ser más fácil de encontrar en la mayoría de los supermercados.

1. Rompa los huevos en un tazón, añada la sal y mezcle ligeramente. Si le gusta el picante, agregue el chile habanero.

2. Caliente una sartén de teflón a fuego medio y vierta el aceite. Añada la longaniza, despedazándola hasta que suelte su grasa.

3. Vierta los huevos a la sartén caliente. Muévalos hasta que se cuezan pero que todavía estén suaves y húmedos, aproximadamente de 3-4 minutos. No sobre cueza los huevos.

Para servir: Acompañe con frijoles negros y con tortillas de maíz, barras de francés o bolillos.

Notas: Si usa longaniza, sáquele la piel antes de despedazarla en la sartén. Yo ahúmo mi longaniza de res y puerco la cual toma su vivo color gracias al recado rojo.

Ingredientes

- 12 huevos
- 1 cucharadita de sal
- 1 chile habanero, picado (opcional)
- 1 cucharada de aceite vegetal
- 6 onzas de longaniza, troceada (o chorizo mexicano) (ver glosario)

Huevos motuleños

Rinde para aproximadamente 6 personas (foto superior derecha)

Ingredientes

2-4 cucharadas de aceite vegetal

24 rebanadas (1/4 de pulgada de ancho) de plátanos machos (aproximadamente 2 plátanos)

12 huevos

12 tostadas (ver glosario)

1 - 1 1/2 tazas de frijol colado (p. 144)

1 taza de jamón ahumado, cortado (en cubitos de 1/4-1/2 pulgada)

1 taza de queso Cheddar, cortado (en cubitos de 1/4-1/2 pulgada)

1/2 taza de chícharos (drenados si son enlatados, descongelados si son de bolsa)

Rebanadas de pimientos (de frasco o enlatados)

Sofrito de tomate (p. 15)

1 1/2 tazas de salsa de tomate (p. 15)

Tengo muy gratos recuerdos de este platillo. Cuando era un muchachito, visitaba a mi abuelo en Yobaín cerca de Motul (aproximadamente a 27 millas de Mérida en el estado de Yucatán) durante las vacaciones de Semana Santa. Recuerdo haber comido este platillo en numerosas ocasiones. Aunque es más común comerlo en el almuerzo, es también muy buen desayuno. Sí, este platillo es originario de Motul, siendo la especialidad de un restaurante cuyo dueño era libanés. Es mejor hacer cada porción una por una.

1. Caliente el aceite en una sartén y fría las rebanadas de plátano macho hasta que se doren por ambos lados. Drene sobre toallas de papel.

2. Caliente más aceite en la sartén y fría dos huevos estrellados con la yema blanda para cada porción.

3. Para ensamblar cada plato, ponga 4 rebanadas de plátanos machos fritos en un plato. Estas servirán como soporte de las tostadas (vea como referencia la foto a su derecha). Ponga 2 tostadas sobre los plátanos, montando levemente una sobre otra, cubra las tostadas con el frijol colado, y coloque encima los dos huevos estrellados. Al final, échele cubitos de jamón y de queso, unos chícharos y unas rebanadas de pimientos sobre los huevos. Decore con una cucharada llena de sofrito de tomate y vierta la salsa de tomate encima.

Huevos con chaya

Rinde para aproximadamente 6 personas (foto inferior derecha)

Ingredientes

12 huevos

1 cucharadita de sal

1 taza de hojas de chaya (ver glosario) (o de espinaca) frescas o descongeladas y drenadas, picadas

1 chile habanero (opcional)

4 cucharadas de aceite vegetal

4 tomates roma pequeños, picados

1/2 taza de cebolla blanca picada

2 cucharadas de pimiento verde picado

2 cucharadas de pimiento rojo, picado

Éste es un desayuno muy tradicional que tiene como ingrediente las hojas de chaya. Es comúnmente servido en tacos, especialmente en Valladolid, municipio y ciudad ubicada en el oriente del estado de Yucatán. Ahí los vendedores ambulantes hacen un buen negocio con los tacos de huevo con chaya. También se sirve como almuerzo ligero. Use espinacas frescas o congeladas si no le es posible encontrar chaya fresca o congelada.

1. Rompa los huevos en un tazón, añada la sal, la chaya y bata ligeramente. Si le gusta el picante, agregue un chile habanero.

2. Caliente el aceite en una sartén de teflón. Añada la cebolla, los tomates y los pimientos. Saltee hasta que las verduras se cuezan y desbaraten.

3. Vierta los huevos a la sartén con las verduras, mueva gentilmente hasta que los huevos se hayan cocidos pero que todavía estén suaves y húmedos. No los sobre cueza.

Para servir: Acompañe con frijoles negros guisados y tortillas de maíz, barras de francés o bolillos.

Caldillo de huevo

Sopa de torta de huevo con salsa de achiote

Rinde para 6-8 personas aproximadamente (foto superior izquierda)

El caldillo de huevo puede parecer un poco contraproducente. ¿Hacer una torta de huevo y luego cocerla otra vez en caldo? Bueno, pues sí. Pero el caldo obtiene su sabor gracias al recado rojo y lleva sofrito de tomate encima. Dando como resultado una deliciosa sopa de torta de huevo. Este platillo es muy popular en Yucatán durante la Cuaresma.

1. Rompa los huevos en un tazón, agregue la sal y la hierbabuena. Bata ligeramente.

2. Caliente el aceite en una sartén profunda y eche los huevos batidos. No los mueva y déjelos cocer a fuego medio.

3. Corte la torta de huevo en 6 pedazos como si fuera una pizza.

4. Ponga las rebanadas de huevo en una ollita y vierta suficiente consomé cubriendo casi por completo la torta de huevo.

5. Diluya el recado rojo en 1/4 de taza de consomé aproximadamente y cuele de regreso a la olla. Cubra la olla y cueza por 15 minutos.

Para servir: Sirva en tazones profundos, añada el sofrito de tomate y acompañe con tortillas de maíz.

Ingredientes

12 huevos

1 cucharadita de sal

1-2 ramitas de hierbabuena fresca, picada

2 cucharadas de aceite vegetal

2-3 tazas de consomé de pollo

1/2 cucharadita de recado rojo (p. 12)

Guarniciones

Sofrito de tomate (p. 15)

Torta de huevo con hierbabuena

Omelete de hierbabuena

Rinde para 6 personas aproximadamente (foto inferior izquierda)

Si pensó que el caldillo de huevo (ver receta) es un platillo particular, tal vez piense lo mismo de esta torta de huevo. Las hojas de hierbabuena le dan un sabor fresco. No deje que la palabra "torta" lo confunda. Éste no es un sándwich . . . es más parecida a la tradicional "tortilla" española. Haga una porción a la vez.

1. Para hacer una torta de huevo, bata 2 huevos con una pizca de sal y de 6 a 7 hojas de hierbabuena.

2. Caliente 1-2 cucharadas de aceite vegetal en una sartén pequeña y vierta los huevos. No los mezcle. Déjelos cocer por 2-3 minutos, doble la torta a la mitad y sáquela de la sartén.

3. Ponga un poco de cebolla para panuchos encima. Repita hasta terminar con las 6 tortas.

Para servir: Acompañe con frijoles negros guisados, salsa de chile habanero y tortillas de maíz.

Ingredientes

12 huevos

Sal

Aceite vegetal

1 atado de hierbabuena fresca, solo las hojas

Guarniciones

Cebolla para panuchos (p. 142)

Salsa de chile habanero (opcional) (p. 14)

Moncho

Sándwich de huevo, jamón y queso

Rinde 6 sándwiches

Ingredientes

6 barras de francés (o pan francés o bolillos) (ver glosario)

Mayonesa

Aceite vegetal

6 huevos

6 rebanadas gruesas de jamón ahumado

6 rebanadas gruesas de queso Cheddar (o queso Chihuahua)

Rebanadas de chile jalapeños (opcional)

Tal vez un sándwich de huevo, jamón y queso no suene tan exótico, pero éste tiene una historia que lo hace más atractivo. Un señor llamado Ramón tuvo por muchos años un restaurante en el mercado García Rejón en Mérida, Yucatán. Él servía este sándwich todo el día. Ya que a los Ramón se les dice "Moncho", no tomó mucho tiempo para que a esta torta se le conociera como "moncho". El restaurante Moncho se encuentra todavía en el mercado pero ahora, 50 años después, sirven un super moncho especial con carne asada de puerco como adición. Haga un sándwich a la vez.

1. Corte el pan a lo largo y tueste ligeramente en el horno. Sáquelos y unte la mayonesa por ambos lados.

2. Caliente 1-2 cucharadas de aceite vegetal en una sartén pequeña. Añada un huevo y fría hasta que la yema esté firme. Corte el huevo a la mitad.

3. Ponga las dos mitades de huevo sobre una de las piezas de pan, póngale el jamón, el queso, dos rebanadas de jalapeños y coloque la otra mitad del pan encima. Repita hasta haber freído los 6 huevos y haya ensamblado cada moncho.

Para servir: Acompañe los monchos con fruta fresca o con ensalada de papa.

Notas: ¿Qué es una barra de francés? ¿Cuál es la diferencia entre pan francés y bolillo? ¿Qué prefieren usar en Yucatán? Las respuestas las encontrará en el glosario.

"Donde se compone el mundo"

Son contados los restaurantes en Mérida, Yucatán, que han estado vigentes por muchos años. Al pasar el tiempo, los dueños de los negocios cercanos que son clientes regulares, llegan a discutir los problemas del mundo, a solucionar asuntos personales y de negocios. Pero también "cuidan sus negocios desde el restaurante". Los señores retirados o que están retirados de medio tiempo también son parte de este grupo que solucionan problemas. El restaurante Moncho es uno de esos lugares de reunión.

Capítulo 4

Sopas y guisos

Todas las culturas tienen comidas reconfortantes, y no sorprende que muchas de ellas sean sopas y guisados que requieren de un cocimiento lento. Tampoco sorprende que, al cocinarlos, llenan la casa de aromas que hacen nuestros estómagos tronar.

En Yucatán, las sopas y guisados pueden ser ligeros o pesados. Algunos pueden ser servidos antes de la entrada principal, otros son servidos como comidas completas. Muchos de estos platillos les pueden resultar familiar, pero invariablemente tienen algún ingrediente o técnica de cocimiento que le da un sello cien por ciento yucateco. Tal vez el uso de la lima agria o de la chaya, o las cebollas y ajos asados. También podría ser el uso del sofrito que le añade mucho sabor.

Algunas recetas de este capítulo son muy buenas para preparar cualquier día de la semana y otras se hacen comúnmente en fines de semana o en ocasiones especiales. De cualquier manera, usted añadirá nuevos platillos reconfortantes a su repertorio culinario.

Asegúrese de consultar otras recetas en los capítulos de puerco, pollo o res por que ahí encontrará también algunos platillos con características de guisados. Todos son deliciosos.

Página opuesta: Kabic de res (p. 61)

Fotografías a la derecha, desde arriba: Tomates roma y una sonrisa; las ruinas mayas de Chichén Itzá, Yucatán; bolsas de verduras cortados ya listos para sopas y guisados.

Consomé de pavo

Rinde aproximadamente 1 galón

Ingredientes

1 pavo de 15 libras (incluyendo la garganta y órganos comestibles)

4 galones de agua

1/2 cucharadita de orégano seco

2 ramitas de hierbabuena fresca (o 20 hojas)

8 ramitas de cilantro fresco

1 cabeza de ajo, asada

1 cebolla roja grande, asada

2 cucharaditas de pimienta negra molida

2 cucharadas de sal

Este consomé sirve de base para el caldo de pavo, la sopa de lima y la sopa de pasta (ver recetas). Tome en cuenta que el pavo requiere de un paso más de preparación antes de utilizar su carne en las recetas mencionadas anteriormente y en otros platillos. Para hacer pavo asado (p. 74) primero se le debe untar recado rojo y después se debe asar. La carne del pavo asado la usará en las sopas, los panuchos, los salbutes, el pavo en escabeche y el sah kol de pavo (ver recetas).

1. Ponga a hervir el agua en una olla de 10 galones. Con cuidado, sumerja el pavo dentro del agua hirviendo. Antes de que empiece a hervir de nuevo, sáquele la espuma que suba a la superficie con un cucharón y tírela. Una vez limpio, añada el orégano, la hierbabuena, el cilantro, el ajo asado, la cebolla asada, la pimienta negra molida y la sal.

2. Baje la temperatura a fuego medio y cueza, sin tapa de 1 1/2 a 1 3/4 horas. Cuando el pavo esté listo, sáquelo del agua cuidadosamente. La temperatura de la pechuga de pavo debe llegar a 160°F.

3. Cuele el caldo con un colador fino. Reserve al menos 1 galón del caldo.

Caldo de pavo

Rinde aproximadamente 6-8 porciones

Caldo de pavo preparado

2 cucharadas de aceite vegetal

2 tomates roma, picados

1/2 cebolla blanca, picada

1/2 pimiento verde, picado

1/2 pimiento rojo, picado

1/2 cucharadita de sal o al gusto

1/2 cucharadita de pimienta o al gusto

1 galón de consomé de pavo (arriba)

El jugo de una lima agria (o de limón)

Guarniciones

Curtido de repollo (p. 151)

Pavo asado, desmenuzado (p. 74)

Cebolla para panuchos (p. 142)

Rebanadas de limones

Tiras de tortillas y fritas (ver notas y técnicas)

El caldo de la receta del consomé de pavo es la base de esta sabrosa sopa. Obtiene un elemento extra de sabor gracias al sofrito (verduras salteadas), las guarniciones y los acompañamientos que lleva encima a la hora de servir.

1. Caliente el aceite en una sartén a fuego medio y añada los tomates, las cebollas, los pimientos verdes y rojos, la sal y la pimienta. Saltee hasta que se cuezan pero sin que se desbaraten por completo.

2. Caliente el consomé de pavo y deje cocer. Añada las verduras salteadas y siga cociendo por unos 5 minutos más. Ajuste la sal y la pimienta si es necesario.

Para servir: Sirva cada porción en tazones individuales poniendo primero un poquito del curtido de repollo, el pavo asado, la cebolla para panuchos y una rebanada de limón ligeramente exprimida. Vierta el caldo de pavo encima, y como toque final, despedace unas tiras de tortillas sobre el caldo.

Notas: Las tiras de tortillas son muy fáciles de preparar. Solo corte de 6-7 tortillas en tiras de 1/4 de pulgada de ancho y 2 pulgadas de largo. Caliente aceite vegetal en una sartén y eche las tiras. Fría hasta que se doren como tostadas. Sáquelas y drene sobre toallas de papel.

Sopa de lima

Rinde aproximadamente 6-8 porciones

La sopa de lima es uno de los platillos representativos de Yucatán. Casi todos los restaurantes yucatecos tendrán esta sopa en su menú. Es ligera, pero satisface el hambre al mismo tiempo.

1. Caliente el aceite en una sartén a fuego medio y añada los tomates, las cebollas, los pimientos verdes y rojos, la sal y la pimienta. Saltee hasta que se cuezan pero sin que se desbaraten por completo.

2. Caliente el consomé de pavo y deje cocer. Añada las verduras salteadas, el jugo de la lima agria (o de limón) y siga cociendo por unos 5 minutos más. Ajuste la sal y la pimienta si es necesario.

Para servir: Sirva cada porción en tazones individuales, poniendo primero un poco de las tiras de tortillas y el pavo asado. Vierta el caldo de pavo, y como toque final, póngale una rebanada de lima agria (o limón) ligeramente exprimida.

Notas: Para más información sobre las tiras de tortilla, consulte la nota seguida de la receta de caldo de pavo (receta a la izquierda, p. 46) o consulte la sección de técnicas.

Caldo de pavo preparado

2 cucharadas de aceite vegetal

2 tomates roma, picados

1/2 cebolla blanca, picada

1/2 pimiento verde, picado

1/2 pimiento rojo, picado

1/2 cucharadita de sal o al gusto

1/2 cucharadita de pimienta o al gusto

1 galón de consomé de pavo (p. 46)

El jugo de una lima agria (o de limón)

Guarniciones

Tiras de tortillas y fritas (ver técnicas)

Pavo asado, desmenuzado (p. 74)

Rebanadas de lima agria (o de limón)

Sopa de tortilla estilo Quintana Roo

Rinde aproximadamente 6-8 porciones

Caldo de pavo preparado

2 cucharadas de aceite vegetal

2 tomates roma, picados

1/2 cebolla blanca, picada

1/2 pimiento verde, picado

1/2 pimiento rojo, picado

1/2 cucharadita de sal o al gusto

1/2 cucharadita de pimienta o al gusto

1 galón de consomé de pavo (ver receta)

Guarniciones

Tiras de tortillas fritas (ver notas y técnicas)

Queso Cheddar, en cubos

La sopa de tortilla es un platillo popular en muchos restaurantes de comida mexicana y es parecido al caldo de pavo (p. 46). Pero esta versión tiene un toque diferente. La base de esta deliciosa sopa es el consomé de pavo (p. 46). De hecho, empieza como la receta de caldo de pavo.

1. Caliente el aceite en una sartén a fuego medio y añada los tomates, las cebollas, los pimientos verdes y rojos, la sal y la pimienta. Saltee hasta que se cuezan pero sin que se desbaraten por completo.

2. Caliente el consomé de pavo y deje cocer. Añada las verduras salteadas y siga cociendo por unos 5 minutos más. Ajuste la sal y la pimienta si es necesario.

Para servir: Sirva cada porción en tazones individuales poniendo primero un poco de las tiras de tortillas fritas, los cubos de queso Cheddar y vierta el caldo de pavo encima.

Notas: Para más información sobre las tiras de tortilla, consulte la nota seguida de la receta de caldo de pavo o consulte la sección de técnicas.

Caldo de pollo

Rinde aproximadamente 1 galón

Ingredientes

1 1/2 galones de agua

6 piernas y 6 piezas de muslos de pollo (con piel y hueso) (4-6 libras)

1 cabeza de ajo, asada

1/2 cebolla, asada

1/2 cucharadita de pimienta en grano (o 1/3 de cucharadita de pimienta negra molida)

1 pizca de orégano seco

1 ramita de cilantro fresco

1 ramitas de hierbabuena fresca

1-2 cucharadas de sal

Esta sopa o consomé no sobresale por sí solo, pero eventualmente le servirá si le gusta preparar su propio consomé de pollo. También se necesita para hacer pollo asado (p. 71) y salsa de achiote para tamales (p. 16) que son partes del relleno de algunos tamales del capítulo 9. Para hacer el relleno de tamales se mezcla la salsa de achiote para tamales con la carne de pollo desmenuzada.

1. Ponga a hervir el agua en una olla. Con cuidado ponga el pollo dentro del agua hirviendo. Antes de que empiece a hervir de nuevo, sáquele la espuma que suba a la superficie con un cucharón y tírela.

2. Añada el ajo, la cebolla, la pimienta, el orégano, el cilantro, la hierbabuena, la sal y baje la temperatura a fuego medio dejándolo cocer por 30-45 minutos o hasta que el pollo esté cocido. Saque el pollo y déjelo enfriar.

3. Cuele el caldo con un colador fino. Guarde el caldo y la carne para usarlos con otros propósitos.

Notas: El ajo y la cebolla son asados. ¡No lo olvide!

Crema de chaya

Rinde aproximadamente 8-10 porciones

Las hojas verde oscuro del arbusto de chaya (ver glosario) son uno de esos ingredientes únicos de la cocina yucateca. Son usadas en tamales, en platillos de carne o revueltas con huevo. De hecho, se usa tan seguido como usted usaría la espinaca. Por tal razón la espinaca, ya sea congelada o fresca, es muy buen sustituto.

1. Caliente el aceite en una olla grande y añada la cebolla, los tomates, los pimientos y el ajo. Saltee hasta que las verduras se cuezan pero sin que se desbaraten por completo.

2. Agregue la chaya (o espinaca) y el caldo de pollo. Cueza hasta que la chaya quede suave, unos 15 minutos aproximadamente si la chaya es fresca. Enfríe.

3. Mezcle la sopa en una licuadora hasta obtener una consistencia como puré.

4. Ponga el puré en una olla limpia y caliente el puré a fuego medio.

5. Mezcle en un tazón la harina, la leche y la media crema hasta que toda la harina se incorpore. Vierta lentamente la mezcla al puré moviendo constantemente y siga cociendo a fuego medio hasta que espese un poco. Si le queda muy espeso, agregue más leche; si le queda muy aguado, añada más harina.

6. Ajuste las sal y apague el fuego. Agregue la pimienta (en este paso o al servir).

Para servir: Vierta la crema en un tazón, ponga encima un poco de sofrito de tomate y de crutones. Si no añadió la pimienta en el paso 6, espolvoree una pizca sobre la crema de chaya. Es mejor si la crema se sirve muy caliente.

Notas: También puede echarle galletas Globitos (ver foto superior y el glosario) en lugar de los crutones. Estas galletas son muy populares en Yucatán así que puede encontrarlas en tiendas de especialidades o si no las consigue, compre unas en su próxima visita a Yucatán.

Ingredientes

2 cucharadas de aceite de olivo

3 tomates roma, picados

1/2 cebolla blanca, picada

1/2 pimiento verde, picado

1 diente de ajo, finamente picado

1 libra de hojas de chaya (o de espinacas) congeladas o frescas, picadas

1/2 galón de caldo de pollo

1/2-2/3 de taza de harina regular

1 taza de leche entera

1 lata (7.6 onzas) de media crema o 3/4 taza de crema 100%

1/2 cucharadita de sal o al gusto

1/4 de cucharadita de pimienta negra molida

Guarniciones

Sofrito de tomate (p. 15)

Crutones (o galletas saladas redondas chiquitas o galletas Globitos, ver glosario)

POLLO CON FIDEOS

Rinde aproximadamente 6-8 porciones (foto a la izquierda)

El pollo con fideos es una comida completa y es más parecida a un guisado; necesitará un tenedor para comerlo. En Yucatán le llaman a este platillo "comida de enfermos" ya que por lo regular es para quien se prepara. A pesar de ser delicioso, si pide este platillo en cualquier lugar, indudablemente le preguntarán si se siente mal.

1. Salpimente las piezas de pollo por ambos lados.

2. Caliente el aceite en una sartén a fuego medio y selle las piezas de pollo por ambos lados. Drene las piezas sobre toallas de papel.

3. En la misma sartén, fría los tomates, la cebolla, los pimientos y saltee hasta que las verduras se cuezan pero que no se desbaraten. Añada más aceite si lo requiere.

4. Coloque las piezas de pollo en una olla, vierta el agua o el caldo de pollo o pavo y agregue las verduras. Cubra y cueza por 30 minutos.

5. Agregue los fideos, cubra y cueza a fuego bajo por 15 minutos o hasta que el pollo quede suave. Ajuste la sal.

Para servir: Simplemente sirva en tazones grandes y asegúrese de proveer de cuchillos y tenedores.

Notas: En Yucatán se prefiere comer la pasta suave—bueno, sobre cocida, mejor dicho. Si le gusta la pasta más al dente, añada los fideos 10 minutos antes de que termine el cocimiento del pollo. Algunos de ustedes recordarán los fideos delgados parecidos al vermicelli. Los fideos de esta receta, son un poco más gruesos, similares al espagueti, el cual sirve como un buen sustituto.

Más notas: Recuerde que las verduras son rebanadas, no picadas. Corte sus verduras a lo largo y rebane finamente. Es más que nada por presentación.

INGREDIENTES

Sal

Pimienta negra molida

3 cucharadas de aceite

6 piernas y 6 muslos de pollo con piel y huesos

2 tomates roma, finamente rebanados

1/2 cebolla blanca, finamente rebanada

1/2 pimiento verde, finamente rebanados

1/2 pimiento rojo, finamente rebanados

6 tazas de agua (o caldo de pollo o pavo)

1 paquete (8 onzas) de fideos (o vermicelli o espagueti) (ver glosario)

Página opuesta, desde arriba: Pollo con fideos y pollo alcaparrado (p. 65).

Sopa de verduras

Rinde aproximadamente 6-8 porciones (foto superior izquierda)

Siempre es bueno tener una sopa de verduras en su repertorio culinario. El sofrito (verduras salteadas) y el chayote son los que le dan a esta sopa un toque yucateco. El chayote es de la familia de la calabaza, también es conocido como *vegetable pear* o *christophene*, entre otros nombres. Busque chayotes que tengan una piel suave, sin espinas. Esta sopa es perfecta para empezar cualquier comida.

1. Caliente el aceite en una sartén a fuego medio y añada los tomates, la cebolla y los pimientos. Saltee por 6-8 minutos hasta que las verduras se cuezan pero sin que se desbaraten por completo. Sáquelas y deje a un lado.

2. Limpie la sartén con una servilleta de papel, luego moje otra servilleta en aceite y embadurne la sartén. Añada las zanahorias y cueza por 2 minutos, luego agregue la papa y cueza por otros 2 minutos, finalmente ponga el chayote y el calabacín y cueza por otros 4 minutos. No sobre cueza o queme las verduras.

3. Añada todas las verduras a una olla. Vierta el caldo de pollo y caliente a fuego medio. Ajuste la sal si es necesario.

Para servir: Simplemente sirva en tazones para sopa.

Notas: Corte las zanahorias, la papa, el chayote y el calabacín del mismo tamaño para darles una apariencia más presentable. Ya sea en cubos de 1/4 pulgada o 1/2 pulgada. Si prefiere, puede pelar las verduras.

Ingredientes

2 cucharadas de aceite vegetal

2 tomates roma, picados

1/4 cebolla blanca, picada

1/4 pimiento verde, picado

1/4 pimiento rojo, picado

2 zanahorias, peladas y en cubos

1 papa mediana, en cubos

1 chayote, en cubos

1 calabacín, en cubos

6 tazas de caldo de pollo

1/2 cucharadita de sal, o al gusto

1/4 cucharadita de pimienta, o al gusto

Sopa de pasta

Rinde aproximadamente 6-8 porciones (foto inferior izquierda)

Esta comida reconfortante con un toque yucateco es servida comúnmente antes de pavo o pollo asado (pp. 74 y 71). Seguramente toda su familia la disfrutará.

1. Caliente el aceite en una sartén, añada la pasta y tueste ligeramente.

2. Agregue los tomates, la cebolla y los pimientos. Saltee las verduras unos 6-8 minutos hasta que se cuezan pero que no se desbaraten.

3. Vierta las verduras a una olla con el consomé de pollo.

4. Ponga a hervir el consomé a fuego alto. Apenas empiece a hervir, cambie la temperatura a fuego bajo. Ponga la pasta, cubra la olla parcialmente y cueza la pasta hasta que esté lista, aproximadamente 8 minutos. Ajuste la sal y la pimienta si es necesario.

Para servir: Sirva el caldo en tazones con suficiente pasta. Si gusta, espolvoree encima un poco del queso Edam.

Notas: ¿Recuerda cuando hirvió el pavo con todo y sus órganos comestibles para hacer el consomé de pavo? Bueno, pues pique la molleja, el corazón y el hígado y agregue a la sopa. A muchos yucatecos les gusta añadir estos órganos a su sopa de pasta.

Ingredientes

3 cucharadas de aceite vegetal

1 paquete (8 onzas) de pasta de coditos

2 tomates roma, picados

1/2 cebolla blanca, picada

1/2 pimiento verde, picado

1/2 pimiento rojo, picado

10 tazas de consomé de pollo (o caldo de verduras)

Sal al gusto

Pimienta al gusto

Queso Edam rayado

Potaje de lentejas

Rinde aproximadamente 6-8 porciones

Ingredientes

1 galón de agua

1 libra de carne de puerco (lomo de puerco, polomo, maciza u hombro sin hueso), cortada en cubos de 1 pulgada

1/2 libra de lentejas verdes secas (o 1 taza)

1 zanahoria mediana, en rodajas de 1/2 pulgada de ancho

2 cucharaditas de sal

6 tiras de tocino, picadas

3 tomates roma, picados

1/2 cebolla blanca, picada

1/2 pimiento verde, picado

1/2 pimiento rojo, picado

1 cucharadita llena de recado rojo (p. 12)

2 cucharadas de vinagre blanco

1/2 libra de jamón ahumado, cortado en cubos de 3/4 de pulgada

4 onzas de longaniza tipo Valladolid, cortada en rebanadas de 1 pulgada (o chorizo) (ver glosario)

1 chayote, cortado en cubos de 1/2 pulgada

2 calabacitas mexicanas (o calabacín), cortadas en cubos de 1/2 pulgada

1 papa, cortada en cubos de 1/2 pulgada

1 plátano macho, rebanado en piezas de 1 pulgada, con la piel

1/4 repollo, cortado en piezas grandes (sin el centro)

6-8 huevos

Éste es de los platillos favoritos de los Cetina. De hecho, para acompañar esta comida, hacemos una salsa especial que compartiremos con ustedes al final de esta receta. Aunque en esta receta usamos lentejas, puede sustituirlas por otras leguminosas como garbanzos, frijoles colorados o frijoles canarios, aunque el tiempo de cocimiento no será igual. Por cierto, la palabra "potaje" viene del francés antiguo *potage* o *pottage*. Este platillo es similar al mondongo a la andaluza (p. 60).

1. Ponga a hervir agua en una olla y añada la carne de puerco (no ponga ni el tocino ni el jamón). Antes de que el agua hierva otra vez, saque la espuma de la superficie con un cucharón y tírela. Baje la temperatura y deje cocer por 20 minutos.

2. Agregue las lentejas, las zanahorias y la sal y cueza por 10 minutos.

3. En una sartén grande a fuego bajo, añada el tocino. Cuando se esté cociendo, suba la flama y fría hasta que el tocino quede crujiente.

4. En la misma sartén, ponga a cocer la cebolla, los tomates y los pimientos y saltee por 3-5 minutos hasta que queden suaves. Eche las verduras salteadas a la olla con las lentejas y la carne de puerco.

5. Mezcle el recado rojo con el vinagre y cuele directo a la olla.

6. Eche el jamón y la longaniza a la olla, cueza por 5 minutos. Luego agregue el chayote, las calabacitas mexicanas, la papa, el plátano macho y el repollo.

7. Cubra la olla y continúe cociendo hasta que la carne quede suave y las verduras estén al dente. Ajuste la sal si es necesario.

8. Antes de apagar el fuego, rompa los huevos dentro del potaje, cubra la olla y déjelos cocer.

Para servir: Sirva en tazones y acompañe con tortillas de maíz calientes. No olvide ponerle un huevo escalfado a cada porción. Si gusta disfrutar este platillo de la misma manera que nuestra familia, entonces tendrá que ponerle encima la cebolla picante de los Cetina—un secreto de familia hasta ahora.

Cebolla picante de los Cetina

20 chiles de árbol, asados y sin tallo (ver glosario)

1/3 taza de vinagre

1 cucharadita de sal

2-3 cucharadas de aceite vegetal

2 cebollas rojas medianas, rebanadas

1. Licúe los chiles con el vinagre y la sal, o use un molcajete. Deberá tener una consistencia troceada y no de puré.

2. Caliente el aceite en una sartén y ponga las cebollas cubriéndolas de aceite. Vierta el licuado de chiles. Saltee a fuego medio hasta que las cebollas queden translucidas. Añada la sal.

Puchero de tres carnes

Rinde aproximadamente 8 porciones

Primera parte: El caldo

2 galones de agua

1 libra de solomillo de res, cortado en cubos de 1 pulgada

1 libra de espinazo de res

2-3 cucharadas de sal

1 libra de carne de puerco (maciza o hombro) cortado en cubos de 1 pulgada

8 muslos de pollo, con piel y huesos

1 cucharada de recado para puchero (p. 13)

1/2 taza de agua

1 cabeza de ajo, asada

1 palito de canela

4 pizcas de azafrán

2 limas agrias, partidas a la mitad (o limones)

Tal vez lo primero que notará de este platillo es que requiere de muchos pasos para prepararlo y servirlo. Como tal, tiene mucho en común con los típicos cocidos españoles. Este platillo es comúnmente servido los domingos y es una comida completa. Notará que mi enfoque es un tanto matemático. Solo quiero asegurarme de que las 8 porciones tengan un poco de todo. Mis porciones son generosas, tal vez usted verá después si esta receta rinde para más de 8 personas.

Parte 1: Para preparar el caldo

1. Hierva el agua en una olla. Añada el solomillo de res, los espinazos de res y la sal. Cuando el agua empiece a hervir de nuevo, sáquele la espuma que suba a la superficie con un cucharón y tírela. Hierva por 10 minutos más.

2. Agregue el puerco, y cuando el agua empiece a hervir de nuevo, saque la espuma que le salga con un cucharón y tírela.

3. Añada el pollo, y cuando el agua empiece a hervir de nuevo, saque la espuma que suba a la superficie con un cucharón y tírela.

4. Mezcle el recado para puchero con el agua y vierta la mezcla a la olla a través de un colador, seguido por el ajo asado, la canela y el azafrán. Hierva por 15-20 minutos más o hasta que el pollo se haya cocido.

5. Exprima las limas agrias en el caldo. Deje las cáscaras en el caldo (sin semillas) por 2 minutos y luego sáquelas y tírelas.

6. Cuando todas las carnes ya estén suaves y cocidas (tal vez requiera de 15 minutos más de cocimiento), saque todas las carnes del caldo, cubra y mantenga las carnes tibias.

7. Saque el palito de canela del caldo y tírelo.

Parte 2: Para preparar las verduras

1. Ponga a hervir el caldo otra vez.

2. Corte cada verdura en 8 piezas (excepto el repollo). Añada las zanahorias y cueza por 6-8 minutos. Agregue el chayote, el plátano macho y el camote y cueza por otros 6-8 minutos. Por ultimo, añada el calabacitas y el repollo y cocine por otros 5-6 minutos. Todos las verduras deben de estar suaves.

2. Saque las verduras del caldo, póngalas en un tazón, cubra y mantenga las verduras tibias.

3. Separe 2-3 tazas del caldo para los fideos y el sofrito.

Parte 3: Preparar el arroz y los garbanzos

1. Añada el arroz, los garbanzos y la pizca de azafrán a la olla con el caldo. Cubra y deje cocer. Le tomará al arroz de 15-20 minutos para cocerse.

Parte 4: Para preparar los fideos y el sofrito

1. Caliente el aceite en una sartén profunda a fuego medio y agregue los tomates, la cebolla, los pimientos y cueza por 5-7 minutos.

2. Rompa los fideos y póngalos en la sartén con las verduras y saltee por otros 3-5 minutos. Vierta las 2-3 tazas del caldo que separó, una pizca de azafrán y de 3-4 rebanadas delgadas de lima agria sin semillas. Cueza hasta que los fideos queden suaves.

3. Una vez que se cuezan los fideos, saque y tire las rebanadas de lima agria.

Parte 5: Para preparar el salpicón

1. Siga las instrucciones en la página 15 para hacer el salpicón.

¡FELICIDADES! Ya está listo para ensamblar su puchero.

Para servir: Para servir porciones individuales, ponga aproximadamente 1/2 taza de fideos en el centro de un plato grande. Coloque 1 pieza de pollo y unas piezas de la carne de res y de puerco encima de los fideos. Luego ponga por lo menos una pieza de cada verdura alrededor del cerro de fideos y carnes. Eche encima el salpicón. En un tazón, vierta aproximadamente 1 taza del caldo tratando de sacar también del fondo un poco de arroz y de garbanzos. Ponga el tazón del caldo a lado del plato de fideos, carnes y verduras, y acompañe con tortillas de maíz calientes. (Normalmente no se sirven los espinazos, pero hay personas que si les gusta comerlos así que no se apresure a tirarlos).

Notas: Es curioso como se sirven los fideos, las carnes y las verduras separados del caldo. Este platillo es similar al cocido madrileño ya que es servido casi de la misma manera. Otro punto interesante es que en España a las ollas de barro donde son preparados los cocidos se les llama "pucheros".

Otras notas: Si usted se encuentra cerca de yucatecos comiendo puchero, probablemente escuchará el ruido que hace el tenedor y el cuchillo contra el plato a medida que cortan meticulosamente y mezclan los fideos, las verduras y las carnes. A esta mezcla se le llama "puch".

Parte 2: Las verduras

Corte las verduras en 8 piezas o rebanadas, excepto el repollo.

2 zanahorias

1 chayote

1 plátano macho, rebanado con la piel (amarillo pero no muy maduro)

2 camotes

2-3 calabacitas mexicanos (o calabacines, ver glosario)

1 repollo mediano, en cuartos

Parte 3: El arroz y los garbanzos

1/2 taza de arroz blanco de grano corto (o arroz Rose)

1 lata de garbanzos, drenados

1 pizca de azafrán

Parte 4: Los fideos y el sofrito

3 cucharadas de aceite vegetal

2 tomates roma, picados

1/2 cebolla blanca, picada

1/2 pimiento verde, picado

1/2 pimiento rojo, picado

1 bolsa (8 onzas) fideos (o vermicelli o espagueti)

2-3 tazas de caldo reservado

1 pizca de azafrán

1 lima agria, finamente rebanada (o limones)

Parte 5: El salpicón

Media receta de salpicón (p. 15)

Guarnición

Limas agrias, rebanadas (o limones)

Mondongo Kabic
Sopa de panza de res

Rinde aproximadamente 8-10 porciones

Ingredientes

2 galones de agua

2 cucharadas de sal

1 pata de vaca sin piel, cortada en 8 piezas (corte a lo largo y luego en cuartos, o dígale a su carnicero que la corte por usted)

1 cabeza de ajo entera, asada

1 cebolla blanca o amarilla entera, asada

8 libras de panza de res (fresca y limpia), cortada en cubos de 1 pulgada

2 limones

7-8 chiles guajillos secos (ver glosario)

6 onzas (1/2 taza) de recado rojo (p. 12)

5 tomates roma, cortados en cuartos

1 taza de jugo de naranja agria (o jugo de limón)

Guarniciones

Cebollina picada

Rebanadas de limón

Podría llamarle el menudo de Yucatán. Este guisado es perfecto para comenzar el día, especialmente si tuvo una fiesta la noche anterior, ya que es el remedio perfecto para la resaca. O como dicen los yucatecos "es bueno para la cruda de los domingos". Toma mucho tiempo en cocinar, así que tal vez quiera hacerlo desde un día antes y dejarlo listo para la siguiente mañana. Por cierto, tendrá que hacer primero el mondongo kabic para luego preparar el mondongo a la andaluza (p. 60).

1. Ponga a hervir el agua en una olla y añada la sal. Agregue las piezas de pata de vaca, tape y cueza por 1 hora. Ocasionalmente saque con un cucharón la espuma que suba a la superficie y tírela.

2. Añada el ajo y la cebolla, cubra y siga cociendo a fuego alto.

3. En un tazón aparte, añada los pedazos de panza de res y exprima el jugo de 2 limones sobre ellos. Agregue las cáscaras y revuelva. Esto blanquea ligeramente la panza de res. Deje reposar por 10-20 minutos, drene el jugo y saque las cáscaras de los limones.

4. Enjuague los chiles sin el tallo. Póngalos en una olla y vierta agua hasta cubrir ligeramente los chiles. Hierva y cueza los chiles por 10-15 minutos para ablandarlos. Licúe los chiles con el agua hasta hacerlos puré. Póngalos en un recipiente aparte.

5. Diluya el recado rojo en el jugo de naranja agria (o jugo de limón), y deje en un recipiente aparte.

6. A las 2 horas de cocimiento de las patas, añada a la olla la panza de res. Cuele el recado rojo y el puré de chiles directo a la olla. Añada los tomates.

7. Tape y cueza el mondongo kabic por aproximadamente 6 horas más. Los tomates se habrán deshecho por completo en el caldo; y la panza de res debe quedar muy, muy suave. La carne de las patas deben separarse fácilmente del hueso y los tendones se habrán derretido en el mondongo.

8. Ajuste la sal y la acidez del caldo. Debe tener un definido toque de acidez que es resultado del jugo de naranja agria (o de jugo de limón). Si no es así, agregue más jugo. Saque los huesos de la pata dejando solo la carne.

Para servir: Sirva el caldo en un tazón con las piezas de panza y la carne de pata. Eche un poco de la cebollina picada y una rebanada de limón encima. Acompañe con barras de francés, bolillos o tortillas de maíz.

Notas: En Yucatán, prefieren la panza de res muy suave. Tal vez haya comido menudo con panza chiclosa. Pero no es la consistencia que los yucatecos buscan. Ellos prefieren que se derrita en la boca.

Mondongo a la andaluza

Rinde aproximadamente 6 porciones

Ingredientes

6 onzas de tocino, picadas

3 tomates roma, picados

1 cebolla blanca mediana, picada

1/2 pimiento verde, picado

1/2 pimiento rojo, picado

6 onzas de jamón ahumado, cortado en cubos de 1/4 de pulgada

6 tazas de mondongo kabic (p. 58)

1 lata (8 onzas) de garbanzos, drenados

1/2 libra de longaniza tipo Valladolid (o chorizo, ver glosario), cortada en rebanadas de 3/4 a 1 pulgada

3 papas medianas, cortadas en cubos de 1/4 de pulgada

Guarniciones

Cebollina, picada

Rebanadas de limón

Chile habanero picado (opcional)

Otro delicioso guisado, éste también es servido tradicionalmente los domingos. Este platillo usa como base el mondongo kabic (p. 58) ya que tendrá que hacer completamente ese guisado antes de hacer el mondongo a la andaluza. A mi me gusta acompañar esta versión de mondongo con jugo de naranja. Me gusta la combinación de sabores con este guisado.

1. Fría el tocino a fuego bajo. Ya que se empiece a cocer, suba la temperatura y fría de unos 6-8 minutos hasta que quede crujiente, con cuidado de no quemarlo.

2. Añada los tomates, la cebolla y los pimientos. Saltee por 2-3 minutos más.

3. Añada el jamón y saltee por 2-3 minutos más.

4. Añada el mondongo kabic (panza de res, carne y caldo) y hierva.

5. Agregue los garbanzos, la longaniza y papas. Baje la temperatura y cueza hasta que las papas queden suaves.

Para servir: Sirva en un tazón y eche encima la cebollina, una rebanada de limón y el chile habanero. Acompañe con barras de francés, bolillos o tortillas de maíz.

Kabic de res
Sopa de res

Rinde aproximadamente 6-8 porciones (foto en la página 44)

Tal vez los que frecuentan restaurantes mexicanos reconocen esta sopa cayendo en la categoría de caldo de res. Otra manera también de verlo sería como una versión simple del puchero (p. 56). Es una comida completa. Un importante paso que le da a esta sopa un sabor ahumado es asar los tomates, la cebolla, el ajo y los chiles.

1. Ponga a hervir el agua en una olla. Agregue la sal y los espinazos. Al hervir de nuevo, saque la espuma que le salga con un cucharón y tírela. Hierva por 10 minutos más.

2. Añada el solomillo, y al hervir de nuevo, saque con un cucharón la espuma que le sale y tírela. Hierva por 10 minutos más.

3. Mezcle el recado rojo con el jugo de naranja agria (o jugo de limón) y cuele directo a la olla.

4. Añada los tomates, la cebolla, el ajo y los chiles güeritos asados. Cueza por 45 minutos hasta que la carne quede suave.

5. Agregue las zanahorias y cueza por otros 5-10 minutos.

6. Añada las papas, el chayote y los calabacines y cueza por 15 minutos más o hasta que las verduras queden suaves. Ajuste la sal.

7. Siga las instrucciones en la página 15 para hacer el salpicón.

Para servir: Sirva en tazones individuales el caldo, la carne y las verduras. Eche encima el salpicón y acompañe con tortillas de maíz.

Ingredientes

1 galón de agua

1 cucharada de sal

1 libra de espinazo de res

3 libras de solomillo de res, cortados en cubos de 1 pulgada

1 cucharada de recado rojo (p. 12)

1/3 taza de jugo de naranja agria (o jugo de limón)

3 tomates roma, asados enteros

1/2 cebolla blanca, asada entera

1 cabeza de ajo, asada

2 chiles güeritos, asados

3 zanahorias medianas, cortadas en rebanadas de 1 pulgada

3-4 ramitas de cilantro fresco

6 papas rojas chicas, enteras

1 chayote, cortado en 6 rebanadas a lo largo

2 calabacines, cada uno cortado en 3-4 piezas

Salpicón

Media receta de salpicón (p. 15)

CAPÍTULO 5

Aves

Entre los muchos comestibles que los españoles introdujeron al Nuevo Mundo se encontraban las aves, especialmente los pollos. Fue muy fácil que los mayas adoptaran estas aves por su deliciosa carne y huevos. Hoy los yucatecos disfrutan preparar pollo de muchas maneras. En este capítulo, encontrará que algunos de los platillos caen en la categoría de comida reconfortante así que planee añadirlas a su lista de comidas cotidianas.

El pavo es un ave particularmente interesante ya que es originario del Nuevo Mundo. Fue introducido a los españoles quienes lo vieron como un buen cambio a las aves grandes que ellos conocían—los gansos y pavos reales. Le dieron al pavo el nombre de "ave india" y este nombre refleja la confusión de su origen y que tomó un tiempo en aclarar. El ave sí era de un "nuevo" continente pero no de la India.

Los mayas y los aztecas crecían pavos y valoraban mucho su carne, sus huevos y plumas. También fueron ligados a deidades y ceremonias religiosas.

Podemos agradecer a estos antiguos pobladores por darnos el elemento principal de una comida muy especial que disfrutamos cada noviembre en Estados Unidos. ¿Qué sería de la cena de Acción de Gracias sin un pavo?

(Para recetas de huevo, vea el capitulo 3).

Página opuesta: Pavo asado (p. 74)

A la derecha, desde arriba: Pavos en el mercado esperando su destino fatal; casa maya tradicional en Campeche; letrero en el mercado mostrando el camino de donde puede comprar pavos.

POLLO TICULEÑO
Pollo estilo Ticul

Rinde para 6 personas

Ingredientes

1 1/2 cucharadas de recado para bistec (1 onza) (p. 12)

1/2 taza de jugo de limón

1 cucharadita de sal

2 libras de pechuga de pollo, sin piel ni hueso

1 a 2 tazas de harina

2 huevos, ligeramente batidos

2 tazas de galletas Marias molidas (o Panco) (ver glosario)

3-4 cucharadas de aceite vegetal

24 rebanadas de plátanos macho (cortados en rebanadas diagonales de 1/4 de pulgada) (aproximadamente 2 plátanos, no muy maduros)

12 tostadas de maíz, enteras (ver técnicas)

Guarniciones

1-1 1/2 taza de frijol colado (p. 144)

1/2 taza de sofrito de tomate (p. 15)

1 - 1 1/2 taza de salsa de tomate (p. 15)

1 taza de jamón ahumado, cortado en cubos de 1/4 de pulgada

1 taza de queso Cheddar, cortado en cubos de 1/4 de pulgada

1/2 taza de chícharos, drenados si son de lata y descongelados si son de bolsa

Rebanadas de pimiento (de lata o en frasco)

Si ya ha preparado puerco empanizado (p. 90), ya sabe el marinado y empanizado secreto. Si ya ha hecho huevos motuleños (p. 38), ya sabe también como ensamblar este platillo. Aunque en esta receta la pechuga de pollo es el elemento central. Este platillo toma su nombre de Ticul, un municipio al sur de Yucatán a 60 o 90 minutos de la ciudad de Mérida. La ciudad de Ticul es conocida como "la Perla del Sur".

1. Haga el marinado mezclando el recado para bistec, el limón y la sal en un recipiente no reactivo.

2. Corte las pechugas de pollo a lo largo en rebanadas de 1/8 de pulgada de ancho. Marine las piezas de pollo por 30 minutos. No lo marine por mucho tiempo por que las pechugas quedarán muy ácidas. Seque las piezas de carne con toallas de papel y tire el marinado.

3. Pase las rebanadas de pollo por la harina, sin ejercer presión. Remoje en los huevos batidos y finalmente en las galletas Marias molidas, presionando para que se incruste en las pechugas.

4. En una sartén con 2-3 cucharadas de aceite vegetal, fría las piezas de pollo a fuego medio hasta dorar, aproximadamente 2 minutos por cada lado, sáquelas y tápelas para mantenerlas calientes.

5. Caliente más aceite en la sartén y fría las rebanadas de plátano hasta que doren por ambos lados. Drene sobre toallas de papel.

6. Para ensamblar cada plato, coloque 4 rebanadas de plátano en el plato de manera que sirvan de soporte para las tostadas (tome como referencia la foto de abajo). Ponga 2 tostadas sobre los plátanos, ligeramente montadas una sobre la otra, unte suficiente frijol colado y coloque encima una pieza de pollo. Ponga una cucharada llena de sofrito de tomate y vierta alrededor la salsa de tomate. Al final, échele cubitos de jamón y de queso, unos chícharos y unas rebanadas de pimientos sobre el pollo.

POLLO ALCAPARRADO

Rinde para aproximadamente 6-8 personas (foto en la página 50)

Este platillo cae en un grupo de comidas similares a los guisados. Lleva alcaparras, aceitunas y pasitas que le dan al platillo un sabor dulce y agrio al mismo tiempo. El uso de estos comestibles originarios del Viejo Mundo son un ejemplo de la clara influencia que éstos tuvieron en la comida del Nuevo Mundo, incluyendo en la de Yucatán.

1. Mezcle el recado para bistec y el vinagre en un recipiente no reactivo para hacer un marinado.

2. Ponga a marinar las piezas de pollo por aproximadamente 30 minutos. No las deje marinar por mucho tiempo ya que las piezas de pollo quedarán muy ácidas.

3. En una sartén grande, caliente el aceite y selle las piezas de pollo por ambos lados. Drene sobre toallas de papel.

4. En la misma sartén donde selló el pollo, añada los tomates, la cebolla y los pimientos. Saltee por unos 6-8 minutos.

5. En una olla grande (de 6-8 cuartos de galón de capacidad) a fuego medio, agregue las piezas de pollo, las verduras salteadas, el agua, el ajo, las alcaparras, las aceitunas, las pasitas y los chiles güeritos.

6. Baje la temperatura, cubra y deje cocer de 30-45 minutos o hasta que el pollo se cueza. Ajuste la sal si es necesario.

Para servir: Ponga el pollo alcaparrado sobre una cama de arroz blanco o con el arroz a un lado en el plato. No olvide acompañar su comida con tortillas de maíz.

INGREDIENTES

1 cucharadita de recado para bistec (p. 12)

2 cucharadas de vinagre blanco

6 piernas y 6 muslos de pollo (con la piel y los huesos)

4 cucharadas de aceite vegetal

4 tomates roma, en rebanadas

1 cebolla blanca pequeña, rebanada

1/2 pimiento verde, en rebanadas

1/2 pimiento rojo, en rebanadas

2 tazas de agua

1 cabeza de ajo, asado

2 cucharadas de alcaparras

2-3 cucharadas de aceitunas verdes, troceadas o enteras (si tienen hueso, avísele a sus invitados)

2 cucharadas de pasitas

2 chiles güeritos enteros, asados (ver glosario)

POLLO EN ESCABECHE ORIENTAL
POLLO MARINADO ESTILO VALLADOLID

Rinde para aproximadamente 6-8 personas (foto a la derecha)

EL MARINADO

1 cucharada de recado para escabeche (p. 13)

1 taza de vinagre blanco

2 cebollas rojas, rebanadas

1 cabeza de ajo, asado

6 chiles güeritos, asados

1 cucharada de sal

4 hojas de laurel

EL POLLO Y EL CONSOMÉ

2 galones de agua

1 cucharada de sal

1 pollo (4-5 libras), cortado en piezas

1 cabeza de ajo, asado

1/2 cucharadita de orégano seco

1 cucharadita de pimienta negra molida

2 ramitas de hierbabuena fresca

2 ramitas de cilantro

Existen dos tipos de escabeche en Yucatán. El estilo oriental es originario de Valladolid ("la Sultana del Oriente") y es un poco más sofisticado. El otro es el llamado "escabeche del pueblo" y es más simple. Esta receta es preparada "estilo oriental" de Valladolid y, como todos los escabeches, es ácido. Valladolid es un municipio y ciudad, localizado en la parte oriente del estado de Yucatán.

PARA PREPARAR EL MARINADO

1. Haga un marinado en un recipiente no reactivo disolviendo el recado para escabeche en el vinagre. Añada las cebollas rojas, el ajo, los chiles güeritos, la sal y las hojas de laurel.

PARA PREPARAR EL POLLO Y EL CONSOMÉ

1. Ponga a hervir el agua con la sal. Luego añada el pollo, el ajo, el orégano, la pimienta negra, la hierbabuena y el cilantro. Deje hervir de nuevo y saque la espuma que salga a la superficie con un cucharón y tírela.

2. Baje la temperatura y cueza de 30-45 minutos.

3. Saque el pollo y deje enfriar. Una vez frio, ponga las piezas de pollo en el marinado por 1 hora.

4. Saque el pollo del marinado, guarde el marinado y ponga a asar las piezas de pollo sobre la estufa o en el horno a 350°F hasta que se doren, aproximadamente 15-30 minutos.

5. Cuele un galón del consomé de pollo en una olla limpia. Añada las piezas de pollo y hierva por 5 minutos.

6. Agregue el marinado (con las cebollas, los ajos, los chiles y las hojas de laurel) a la olla con el pollo y el consomé. Deje hervir de 1-2 minutos, cubra la olla y apague la estufa. El pollo debe estar cocido de manera que la carne se separe fácilmente del hueso. Si es necesario ajuste la sal.

Para servir: Sirva un poco del caldo en un tazón, asegurándose que cada tazón tenga una pieza de pollo, un poco de la cebolla, dientes de ajo, chiles, etc. Acompañe con tortillas de maíz.

ESCABECHE: DELICIOSO Y ÁCIDO Se le llama escabeche a los platillos cuyos alimentos son marinados en un líquido ácido. En Yucatán, pueden hacerse con el jugo de numerosas frutas cítricas—lima, lima agria, naranja agria o vinagre. Este tipo de preparación viene de Persia y el término *al-sikbaj*. *Sik* quiere decir "vinagre" y *ba* es "comida" refiriéndose a carne que fue marinada en vinagre y con algo dulce como miel o con melaza de dátiles. Los moros tomaron este marinado cuando conquistaron Persia y lo introdujeron a la península Ibérica durante su mandato. Este tipo de marinado es común en España, Portugal y por toda América Latina.

Página opuesta, desde arriba: Pollo en escabeche oriental (receta en esta página) y pollo con papas (p. 69).

POLLO EN PIPIÁN
Pollo en salsa de semillas de calabaza

Rinde para aproximadamente 6-8 personas

Ingredientes

1 galón de agua

1 cucharada de sal

6 piernas y 6 muslos de pollo (con hueso y piel)

6 tomates roma, cortados en cuartos

3-4 tazas de semillas de calabaza tostadas sin cáscara molidas (p. 17)

1 ramita de epazote

1 chile serrano

1 taza de masa harina

1 taza de agua tibia (o consomé de pollo, puerco o res)

Guarniciones

Tomates roma, cortados en cubos

Semillas de calabaza enteras, tostadas

Ramitas frescas de epazote

Notará las similitudes con las costillas en pipián (p. 87). En esta ocasión es el pollo que es bañado en salsa de semilla de calabaza. La palabra "pipián" da la clave para saber que en el platillo se usa semillas de calabaza. Las semillas de calabaza eran una gran fuente de proteína para los antiguos mayas. Antiguamente, los venados, los aves salvajes, los pecarís, etc., también eran importantes fuentes de proteína.

1. Ponga a hervir el agua con la sal en una olla grande. Añada el pollo y deje que hierva otra vez. Sáquele la espuma que suba a la superficie con un cucharón y tírela.

2. Agregue los tomates, las semillas de calabaza molidas, el epazote y el chile serrano. Cubra y cueza a fuego medio por 30 minutos o hasta que el pollo esté cocido. (Use mi prueba de la tortilla, ver técnicas).

3. Saque el pollo de la olla, coloque las piezas en un recipiente y cúbralas para mantenerlas calientes.

4. Para hacer la salsa, licúe los ingredientes de la olla. Regrese esta mezcla a la olla.

5. En un tazón, mezcle la masa harina y el agua tibia o el consomé hasta que se incorporen los ingredientes. Vierta lentamente a la olla, moviendo constantemente hasta que la salsa espese a su gusto. Si la salsa está todavía granulada, licúe otra vez; si le queda muy espesa, agregue más agua o consomé.

6. Coloque las piezas de pollo en la olla con la salsa y caliente por 5 minutos. Ajuste la sal.

Para servir: Sirva el pollo en pipián sobre un montículo de arroz blanco, y decore con los tomates cortados en cubos, las semillas enteras de calabaza y las hojas del epazote. Acompañe con tortillas de maíz.

POLLO CON PAPAS

Rinde para aproximadamente 6-8 personas (foto en la página 67)

¿Qué tan básica puede ser la combinación de pollo y papas? Éste es otro platillo reconfortante que obtiene su sello yucateco por el sofrito de verduras salteadas, por el ajo asado y por los chiles asados.

1. Salpimente ambos lados de cada pieza de pollo.

2. En una sartén ancha, caliente el aceite vegetal y selle las piezas de pollo hasta que se doren un poco por ambos lados. Drene sobre toallas de papel.

3. En la misma sartén donde selló las piezas de pollo, agregue las rebanadas de tomate, cebolla y pimientos. Saltee por 6-8 minutos.

4. En una olla grande (de 6-8 cuartos de galón de capacidad), a fuego medio, agregue el pollo, las verduras salteadas, el agua (o el consomé), el ajo y los chiles güeritos.

5. Baje la temperatura, cubra y cueza por 30 minutos o hasta que el pollo se haya cocido. Hierva y añada las papas. Cueza por 10-15 minutos o hasta que las papas estén cocidas. Ajuste la sal si es necesario.

Para servir: Sirva en un tazón acompañado de arroz blanco y tortillas de maíz.

INGREDIENTES

6 piernas y 6 muslos de pollo (con hueso y piel)

Sal

Pimienta

3-4 cucharadas de aceite vegetal

4 tomates roma, rebanados

1 cebolla blanca chica, rebanada

1/2 pimiento verde, rebanado

1/2 pimiento rojo, rebanado

2-3 tazas de agua (o consomé de pollo)

1 cabeza de ajo, asado (ver técnicas)

2 chiles güeritos, asados (ver técnicas)

2 papas Russet, sin pelar y rebanadas en rodajas de 1/2 pulgada de ancho (o 5-6 papas rojas pequeñas)

LA HISTORIA DEL PIMIENTO Los pimientos verdes y rojos son uno de los ingredientes que se requieren para hacer sofrito (pimientos, cebolla y ajo salteados) y que le añade sabor a muchas de las recetas de este libro. Sin embargo, esos pimientos no son muy usados en Yucatán. Ahí se usa el "chile dulce". El chile dulce parece un pimiento verde, pero su sabor es más dulce y suave. Aunque el pimiento verde y rojo se usan como sustitutos, úselos moderadamente ya que su sabor puede ser muy dominante. (Para más información sobre el chile dulce, ver el glosario y la fotografía en la página 81).

POLLO ASADO

Rinde para aproximadamente 6-8 personas

Obviamente, el pollo asado es parecido al pavo asado (p. 74). Es uno de los platillos más comunes en Yucatán. Está en la categoría de comidas que se pueden preparar cualquier día, a diferencia del pavo asado, que es más común en ocasiones especiales. El marinado de recado rojo es él que le da al pollo ese particular color y sabor. Esta receta le será muy útil cuando llegue a las recetas de tamales en el capítulo 9.

1. Prepare la receta para el caldo de pollo. Saque el pollo y deje enfriar. (Cuele el caldo y guárdelo para usarlo en otra ocasión.)

2. Haga el marinado mezclando en un tazón no reactivo el recado rojo, el vinagre y el aceite.

3. Ponga las piezas de pollo en el marinado y marine de 30 minutos a 1 hora.

4. Ase las piezas de pollo en el asador de la estufa de 6-7 minutos por cada lado (o en un asador de exterior). La piel brillará por el aceite del marinado. Se tornará opaco cuando se ase por completo.

Para servir: Tradicionalmente se sirve con sopa de pasta. Pero no olvide la cebolla para panuchos, las tortillas de maíz, ni de servir la salsa de chile habanero a un lado. También me gusta añadirle rábanos floreados para una mejor presentación.

Notas: Como opción, puede asar el pollo en el horno en lugar de en un asador. Simplemente ponga el pollo en el horno y ase de 375° a 400°F por 30 minutos aproximadamente.

INGREDIENTES

1 receta de caldo de pollo (p. 48)

2 cucharadas de recado rojo (p. 12)

4 cucharadas de vinagre blanco

2 cucharadas de aceite vegetal

GURANICIONES

Hojas de lechuga

Cebolla para panuchos (p. 142)

Rábanos floreados (mi toque personal) (opcional)

Salsa de chile habanero (p. 14)

EN EL ASADOR: *Pollo asado en el asador del restaurante Chichén Itzá.*

POLLO PIBIL

Pollo marinado en achiote y horneado en hojas de plátano

Rinde para aproximadamente 6-8 personas

Ingredientes

1 1/2 cucharadas (1 onza) de recado rojo (p. 12)

1 1/2 taza de jugo de naranja agria (aproximadamente 10-12 naranjas) o jugo de limón

3 pollos enteros (2 1/2-3 libras cada uno), cortado en piezas

Hojas de plátano frescas preparadas o descongeladas si vienen congeladas (ver técnicas y glosario)

Guarniciones

Cebolla para panuchos (p. 142)

Chiles habaneros enteros (opcional)

Si ya ha dominado la clásica cochinita pibil (p. 83), no tendrá problemas para hacer el suculento pollo pibil. Note la diferencia en el marinado y el tiempo de horneado. Así que haga los cambios siguiendo las instrucciones. Y asegúrese de que sus invitados estén hambrientos ya que las porciones son generosas.

1. Haga un marinado mezclando en un tazón no reactivo el recado rojo, el jugo de naranja agria y la sal.

2. Ponga a marinar el pollo en el marinado de recado rojo. Para mejores resultados, refrigere por lo menos 3 horas o toda la noche, volteando las piezas por lo menos una vez.

3. Cubra una olla o una cacerola con las hojas de plátano, montándolas ligeramente y cubriendo toda la base y los lados del recipiente.

4. Coloque las piezas del pollo marinado en la cacerola con hojas de plátano. Vierta el resto del marinado sobre la carne y doble las hojas de plátano hacia adentro cubriendo completamente la carne.

5. Cubra y selle el recipiente para hornear con papel aluminio, de preferencia que sea grueso.

6. Meta la cacerola cubierta de papel aluminio en el horno a una temperatura de 350°F. Hornee por 2 horas o hasta que el pollo se haya cocido, de manera que la carne se desprenda fácilmente del hueso (o pase mi prueba de la tortilla, ver técnicas).

Para servir: Como platillo principal, sirva una porción de pollo con frijoles negros guisados, arroz blanco y tortillas de maíz. Sin olvidar la guarnición de cebolla para panuchos y los chiles habaneros. La carne deshebrada de este platillo se puede usar para hacer salbutes o tortas (sándwiches). A mi me gusta acompañar este platillo con curtido de repollo, pero la cebolla para panuchos es la guarnición tradicional.

CONSEJOS DE RECADO Al disolver recados en un líquido, es importante colarlos. Es posible, por ejemplo, que las semillas duras del achiote que tiene el recado rojo tengan todavía un residuo arenoso sin importar que tan fino se vea cuando está molido. Además, los recados que venden en las tiendas pueden tener rellenos, como harina o maíz molido, y al colarlos nos aseguramos de tener mejores resultados. Elimine el elemento sorpresa de la ecuación y haga sus propios recados. (Ver capítulo 1).

PAVO ASADO

Rinde para aproximadamente 10-15 personas (foto en la página 62)

INGREDIENTES

4 cucharadas (unas 2.6 onzas) de recado rojo (p.12)

3 1/2 cucharadas de vinagre blanco

1 cucharadita de sal

1 1/2 cucharada de aceite vegetal

1 pavo de 15 libras ya preparado (ver receta del consomé de pavo, p. 46)

Preparar un suculento pavo asado es algo que debe dominar, ya que su carne es ingrediente clave de muchos platillos clásicos. Requiere de muchos pasos, pero vale la pena el esfuerzo. Para llegar al punto donde empieza esta receta, debió ya haber hervido el pavo como se explica en la receta para consomé de pavo (p. 46).

1. Mezcle el recado rojo, el vinagre, la sal y el aceite en un tazón no reactivo, hasta que se incorporen los ingredientes.

2. Embadurne la mezcla por todo el pavo ya preparado. Use guantes de plástico para evitar que sus manos se manchen de recado rojo.

3. Ase el pavo en un asador de exterior a una temperatura alta por 5-8 minutos de cada lado hasta que el pavo tome un color rojo quemado. Puede darle ese mismo efecto usando un asador de estufa o si lo hornea a 375°F por 20-30 minutos. Divida el pavo si lo va a asar en el horno.

Para servir: Corte el pavo en porciones individuales. O desmenuce la carne para usarla en el caldo de pavo y sopa de lima o como guarnición de panuchos y salbutes. También se necesita para el pavo en escabeche y el sah kol de pavo.

Notas: Si asa el pavo a una temperatura muy baja, tomará más tiempo para que obtenga el efecto deseado y se secará la carne. Recuerde que el pavo ya está cocido. Este asado final es para darle al pavo un sabor más complejo, realzando el sabor del recado rojo y de los ingredientes usados cuando se hirvió el pavo.

PAVO: AVE DE LAS AMÉRICAS
El pavo es la estrella de muchos platillos en Yucatán y no es para asombrarnos ya que es nativo de América. En Yucatán, todavía hay gente que los crece en sus casas. De hecho, si saben que se aproxima una gran fiesta, como por ejemplo una boda, las familias harán un meticuloso inventario de sus aves y las cuidarán para asegurarse de que tendrán lo que necesitan para cuando llegue el momento de la fiesta. Dirán, "estos pavos son para cuando mi hija se case". La comida principal en Yucatán para Nochebuena es el pavo asado. (Consulte el párrafo de abajo para más información del pavo.)

MENÚ PARA NOCHEBUENA
Durante las fiestas decembrinas, el pavo entero asado es el centro de mesa de la cena de Nochebuena. La familia se reúne después de la misa de gallo para comer. Entre los acompañamientos principales se encuentran la sopa de pasta, la ensalada de verduras y el queso napolitano (ver recetas). Lo que sobra se usa para hacer sándwiches para Navidad o de Año Nuevo. No se sorprenda al ver que los yucatecos usan pan de molde (pan blanco) para hacer sus sándwiches. Aunque claro, usted podría usar también barras de francés o bolillos. ¿Y teleras? No se acostumbra en Yucatán pero también podría usarlas. Vea el glosario para más información sobre sus opciones de pan.

SAH KOL DE PAVO
Pavo asado con salsa blanca

Rinde para aproximadamente 6 personas

Este platillo fue creado por alguien que pensó en hacer algo delicioso con lo que le sobraba del pavo asado (p. 74). Es una buena excusa para que usted se asegure de que le sobre pavo asado. Sah kol quiere decir "salsa blanca".

1. Saltee los tomates, la cebolla y los pimientos a fuego medio o alto con aceite vegetal hasta que las cebollas queden translúcidas.

2. Agregue el pavo asado y mezcle con las verduras salteadas.

Para servir: Para cada porción de sah kol de pavo, vierta entre 1/4 a 1/3 de taza de sah kol (salsa blanca) en un tazón profundo. Ponga encima aproximadamente 1 taza de la mezcla de pavo y verduras. Acompañe con tortillas de maíz.

Notas: Las sobras son de gran importancia en Yucatán. Este platillo es solo un ejemplo. Las sobras del puchero y del caldo de res obtienen una nueva vida. Las verduras se hacen puré para hacerlos comida de bebé y la carne se usa para hacer trapo viejo (también conocido como ropa vieja en otras partes del Caribe) o machaca con huevo (huevos revueltos con carne). Con el almuerzo se puede predecir la cena. Por ejemplo, si usted almuerza pan de cazón, lo más probable es que cenará empanadas de cazón.

Ingredientes

3 tomates roma, cortados en cuadros

1/2 cebolla blanca, cortada en cuadros

1/3 de pimiento verde, cortado en cuadros

1/3 de pimiento rojo, cortado en cuadros

6 tazas de pavo asado con la piel, troceado (p. 74)

2 tazas de sah kol (salsa blanca) (p. 17)

PAVO EN RELLENO NEGRO
PAVO Y ALBÓNDIGAS DE PUERCO EN RECADO NEGRO

Rinde para 20 personas

Este guiso tradicional es muy popular para bodas, festivales y otras ocasiones importantes, especialmente en comunidades rurales. Este mosaico blanco y negro (lo verá cuando corte una albóndiga), con sus múltiples capas de sabores es algo que se le antojará comer a usted, al igual que a su familia y amigos. Es un proceso un tanto laborioso, pero valdrá la pena el esfuerzo.

PARA HACER EL CALDO

1. En una olla grande, de 8 galones de capacidad, ponga a hervir el agua con la sal, añada los espinazos de puerco y el pavo. Al hervir de nuevo, sáquele la espuma que suba a la superficie con un cucharón y tírela.

2. Disuelva en un tazón el recado negro en 1/2 taza del agua hirviendo y cuele de regreso a la olla.

3. Agregue los tomates y el epazote, y baje la temperatura a fuego medio. Deje cocer, sin tapar, por 2 horas. Si es necesario ajuste la sal.

4. Saque los espinazos, pero no los tire, ya que tal vez alguien quiera roerlos. Saque el pavo, y apenas pueda aguantar lo caliente, deshuese y divida la carne en trozos. Deje la carne a un lado y mantenga tibio.

PARA HACER LAS ALBÓNDIGAS (O "RELLENO")

1. Tome los huevos cocidos y separe las yemas de las claras, con cuidado de no quebrar o romper las yemas. Deje a un lado las yemas y pique las claras de huevo.

2. En un tazón grande, mezcle la carne molida de puerco, los tomates finamente picados, el epazote, las claras de huevo picadas y la sal.

3. Licúe el recado negro con 2 huevos crudos y vierta en la mezcla de carne molida de puerco. Incorpore bien los ingredientes, y divida la mezcla de carne molida en 20 porciones.

4. Para formar las albóndigas (o el "relleno"), tome una porción de la mezcla de carne molida y golpee ligeramente entre las palmas hasta formar una especie de "disco". Haga una especie de hondonada en medio del disco y coloque una yema de huevo en la hondonada del centro del disco. Con cuidado, cubra la yema de huevo con la carne de tal manera que la yema quede en el centro de la albóndiga. Es una albóndiga grande. Repita hasta formar las 20 albóndigas.

5. Hierva de nuevo el caldo y coloque cuidadosamente las albóndigas en la olla. Baje la temperatura y deje cocer a fuego medio por 20-30 minutos.

6. Si siente que el caldo está muy aguado, saque el pavo, los espinazos y las albóndigas (manteniéndolas tibias). Mezcle la fécula de maíz en 4-5 cucharadas de agua (no del caldo caliente), y vierta lentamente en el caldo dejando que espese ligeramente.

Para servir: Ponga los trozos de pavo en un tazón profundo o ancho. Coloque una albóndiga, partida por la mitad (para que el mosaico blanco y negro se aprecie, al igual que la yema), y vierta el caldo sobre estos. Acompañe con tortillas de maíz.

EL CALDO

2 galones de agua

1 cucharada de sal

2 libras de espinazo de puerco

1 pavo entero (de 15 libras aproximadamente), cortado en porciones para servir

4 onzas (un poco más de 1/3 de taza) de recado negro (p. 12)

4 tomates roma, cortados

1/2 atado de epazote fresco

2 cucharadas de fécula de maíz (maicena) (opcional)

LAS ALBÓNDIGAS (O "RELLENO")

20 huevos cocidos

5 libras de carne molida de puerco

4 tomates roma, finamente picados

1/2 atado de epazote fresco (solo las hojas), picado

2 cucharadas de sal

4 onzas (un poco más de 1/3 de taza) de recado negro (p. 12)

2-3 huevos crudos (use el tercer huevo si la mezcla de carne se ve muy seca)

Notas: Para el pavo en relleno negro y pavo en relleno blanco (p. 78), se puede sustituir el pavo por pollo. Solo ajuste los tiempos de cocimiento, ya que el pollo se cuece más rapido. Por cierto, a las albóndigas también les llaman "relleno" por que a veces se usa esta mezcla de carne para rellenar un pavo entero.

Pavo en relleno blanco
Pavo con albóndigas de puerco en recado blanco

Rinde para 20 personas

El caldo

2 galones de agua

2 libras de espinazo de puerco

1 pavo entero (de 15 libras aproximadamente), cortado en porciones para servir

1 cucharada de sal

3 cucharadas (2 onzas) de recado para bistec (p. 12)

2 cucharadas de vinagre blanco

1 cabeza de ajo, asado (ver técnicas)

2 cucharadas de fécula de maíz (maicena) (opcional)

Las albóndigas (o "relleno")

20 huevos cocidos

2 onzas de recado para bistec

2 cucharadas de vinagre blanco

5 libras de puerco molido

20 aceitunas verdes, finamente picadas

20 alcaparras (1-2 cucharadas aproximadamente)

1 taza de pasitas

1/2 taza de cebolla finamente picada

1/2 taza de pimiento verde finamente picado

1/2 taza de pimiento rojo finamente picado

2 cucharadas de sal

El hermano del pavo en relleno negro (p. 77), este platillo es parecido, pero al mismo tiempo completamente distinto. Así como su más oscuro familiar, el pavo en relleno blanco es generalmente reservado para ocasiones especiales. No deje que el color lo engañe; el relleno blanco es tan complejo como el negro.

Para hacer el caldo

1. En una olla grande, de 8 galones de capacidad, ponga a hervir el agua con la sal, añada los espinazos de puerco y el pavo. Al hervir de nuevo, sáquele la espuma que suba a la superficie con un cucharón y tírela.

2. Disuelva en un tazón el recado para bistec con el vinagre y cuele de regreso a la olla. Añada el ajo y baje la temperatura a fuego medio. Deje cocer, sin tapar, por 2 horas aproximadamente.

3. Saque los espinazos, pero no los tire, ya que tal vez alguien quiera roerlos. Saque el pavo, y apenas pueda aguantar lo caliente, retire la carne de los huesos y divídala en trozos. Deje a un lado y manténgalo tibio.

Para hacer las albóndigas (o "relleno")

1. Tome los huevos cocidos y separe las yemas de las claras, con cuidado de no quebrar o romper las yemas. Deje a un lado las yemas y pique las claras de huevo.

2. Disuelva el recado para bistec en el vinagre en un tazón y cuele directo a la carne molida de puerco.

3. Agregue las claras de huevo picadas, las aceitunas, las alcaparras, las pasitas, la cebolla, los pimientos y la sal en la mezcla de carne molida. Incorpore bien los ingredientes, y divida la mezcla de carne molida en 20 porciones.

4. Para formar las albóndigas (o el "relleno") tome una porción de la mezcla de carne molida y golpee ligeramente entre las palmas hasta formar una especie de "disco". Haga una especie de hondonada en medio del disco y ponga una yema de huevo en la hondonada del centro del disco. Con cuidado, cubra la yema de huevo con la carne de tal manera que la yema quede en el centro de la albóndiga. Es una albóndiga grande. Repita hasta formar las 20 albóndigas.

5. Hierva de nuevo el caldo y coloque cuidadosamente las albóndigas en la olla. Baje la temperatura y deje cocer a fuego medio por 20-30 minutos.

6. Si siente que el caldo está muy aguado, saque el pavo, los espinazos y las albóndigas (manteniéndolas tibias). Mezcle la fécula de maíz en 4-5 cucharadas de agua (no del caldo caliente), y vierta lentamente en el caldo dejando que espese ligeramente.

Para servir: Ponga los trozos de pavo en un tazón profundo o ancho. Coloque una albóndiga, partida por la mitad (para que la yema de huevo y el mosaico de colores se aprecie), y vierta el caldo sobre el pavo y la albóndiga. Acompañe con tortillas de maíz.

CAPÍTULO 6

PUERCO

Es muy difícil imaginarse un mundo sin carne de puerco. Pero así era la vida del Nuevo Mundo antes de la conquista. Claro, las antiguas culturas, incluyendo a la maya, tenían pecarís. Pero ¿realmente se compara con un puerco bien embarnecido?

Cuando los españoles introdujeron los cerdos al Nuevo Mundo, ellos fueron inmediatamente adoptados por sus habitantes y convertidos en manjares que eventualmente se volverían típicos de la región. Los mayas encontraron deliciosas maneras de utilizar el puerco, y aprendieron a valorar todas las partes del animal, incluyendo la sabrosa manteca proveniente de su grasa. Los yucatecos continúan disfrutando de la carne de puerco hasta la fecha.

Tal vez el platillo yucateco más famoso representa un eslabón directo con los antiguos mayas y el cómo preparaban la carne usando un tradicional método de cocimiento. Ese platillo es la cochinita pibil, un tributo al suculento puerco y el ingenio local. Vea el recuadro sobre "pibil" en la página 83.

Los codillos y las pezuñas de puerco son de los cortes menos comunes del puerco usados en un par de recetas en este capítulo. Esto no quiere decir que los yucatecos no disfrutan también de la piel frita de puerco (chicharrones), las orejas de puerco, la cabeza, etc., etc. . . .

Página opuesta, siguiendo las manecillas del reloj, empezando desde la fotografía superior a la izquierda: Puerco entomatado sobre un pime (p. 92), puerco empanizado (p. 90), pezuñas rebosadas (p. 92) y costillas en pipían (p. 87).

A la derecha, desde arriba: El chile dulce, que tiene un sabor más suave, es usado en lugar de pimientos verdes en Yucatán; restaurantes en el mercado listos para empezar el día; y paquetes de recado en venta.

Cochinita pibil
Puerco marinado en achiote y horneado envuelto en hojas de plátano

Para aproximadamente 8-10 personas

Este emblemático platillo de Yucatán está plagado de tradición al igual que de chiles y especias. "Pibil" es la forma en que los mayas cocinaban carne en una fosa hecha en el mismo sitio donde cazaban con la finalidad de preservar la carne. (Consulte el recuadro inferior y el glosario para más información sobre "pibil"). Ahora, la cochinita pibil se ha adaptado a las cocinas de las casas sin que pierda su delicioso sabor. Este platillo toma su distintivo sabor de un complejo marinado, pero que al mismo tiempo es fácil de hacer. Su suavidad y jugosidad la adquiere por el lento proceso de cocimiento mientras está envuelto en hojas de plátano, las cuales al mismo tiempo le dan un aroma y sabor único al platillo. La cochinita pibil es perfecta cuando tiene que servir a mucha gente o para proveer de suficiente comida para el "recalentado".

1. Haga un marinado mezclando el recado rojo, el jugo de naranja agria (o de limón) y la sal en un tazón grande no reactivo hasta que todos los ingredientes se incorporen.

2. Marine la carne de puerco en el marinado de recado rojo.

3. Cubra una olla o una cacerola con hojas de plátano, montando las hojas de manera que cubra toda la base y los lados del recipiente.

4. Coloque la carne de puerco marinada en el recipiente cubierto de hojas de plátano. Vierta el resto del marinado sobre la carne y doble las hojas de plátano hacia el centro del recipiente hasta que la carne esté completamente cubierta.

5. Cierre y selle el recipiente para hornear con papel aluminio grueso, de preferencia.

6. Meta el recipiente al horno pre calentado a 350°F. Hornee por 3 1/2 a 4 horas o hasta que la carne esté cocida y suave al punto de que pueda desbaratarse con un tenedor (o use mi prueba de la tortilla, vea técnicas).

Para servir: Como platillo principal, sirva con frijoles negros guisados, arroz blanco y acompañe con tortillas de maíz. No se olvide de las guarniciones de cebolla para cochinita pibil y chiles habaneros.

Notas: La carne se puede cocinar luego después de marinarla, pero para que tenga mejor sabor, déjala marinar por lo menos 3 horas o durante toda la noche. La carne deshebrada de la cochinita pibil también puede ser usada como guarnición para salbutes. Los yucatecos disfrutan mucho de la cochinita pibil en tacos y tortas.

A la izquierda: Cochinita pibil con frijoles de la olla (p. 143), arroz blanco (p. 146), y cebolla para cochinita pibil (p. 142) encima.

Ingredientes

2 1/2 cucharadas (aproximadamente 1.6 onzas) de recado rojo (p. 12)

1 1/2 tazas de jugo de naranja agria (o jugo de limón)

1 cucharada de sal

5 libras de carne de puerco (lomo, polomo, maciza u hombro de puerco sin hueso)

Hojas de plátano, descongeladas si son de bolsa o preparadas si son frescas (ver técnicas y glosario)

Guarniciones

Cebolla para cochinita pibil (p. 142)

Chiles habaneros enteros (opcional)

Pibil: Una manera de cocinar

Cuando era común salir a cazar animales salvajes, los cazadores mayas crearon una técnica para cocinar su carne en el mismo lugar donde se encontraran cazando. Es una técnica que todavía se usa. Esto preservaba la carne hasta que ellos pudieran regresar a sus hogares. Una vez que cazaban su presa, le quitaban la piel y la cortaban. Los mayas cavaban unas fosas profundas en la tierra y cubrían el fondo con pequeñas piedras calizas y con maderas aromáticas. Al prenderle fuego a las maderas, esperaban a que éstas estuvieran ardiendo y que las piedras quedaran rojas. Luego colocaban los tallos de las hojas de palmeras nativas (palma de guano) encima de las maderas y piedras. Después, ponían una capa gruesa de hojas de aguacate o de plátano. Sobre estas hojas colocaban la carne y la cubrían con más hojas. Al final le echaban encima una capa de tierra o pasto para evitar que el calor se escapara. Dejaban cocer la carne toda la noche o hasta por dos o tres días, proveyendo a los cazadores de deliciosa comida cuando lo necesitaran. La cochinita pibil, que es el platillo representativo de Yucatán, evolucionó de esta manera. Afortunadamente, este método de cocinado se ha modificado grandemente, haciendo este platillo más práctico para preparar en casa. Por cierto, "pibil" quiere decir "enterrado" en maya.

Akat de codillos

Codillos de puerco marinados en achiote y horneados envueltos en hojas de plátano

Rinde aproximadamente 8-10 personas

Ingredientes

2 1/2 cucharadas (aproximadamente 1.6 onzas) de recado rojo (p. 12)

1 taza de jugo de naranja agria (o jugo de limón)

1 cucharada de sal

5 libras de codillos de puerco

Hojas de plátano, descongeladas si vienen en bolsa y preparadas si están frescas (consulte técnicas y glosario)

Guarniciones

Cebolla para cochinita pibil (p. 142)

Chiles habaneros enteros (opcional)

Si ya ha preparado cochinita pibil (p. 83), usted verá inmediatamente las similitudes entre ese platillo y éste. Sin embargo, el akat de codillos no es tan jugoso ni suave como la cohinita pibil, así que tenga cuidado de no sobre cocerlo ya que se secará. Las familias yucatecas comen este platillo frecuentemente ya que es económico y muy rico.

1. Haga un marinado mezclando en un tazón grande no reactivo el recado rojo, el jugo de naranja agria (o jugo de limón) y la sal hasta que todos los ingredientes se incorporen.

2. Marine los codillos de puerco en la mezcla de recado rojo.

3. Cubra una olla o cacerola con hojas de plátano, montando ligeramente una sobre otra, cubriendo la base y lados de la olla.

4. Coloque los codillos de puerco en la olla cubierta de hojas de plátano. Vierta el resto del marinado sobre la carne, y doble las hojas de plátano hacia el centro de manera que cubra completamente los codillos. Tape la olla.

5. Cueza a fuego medio por 1 1/2 horas o hasta que la carne se cueza y quede suave al punto de desbaratarse con un tenedor o que pase mi prueba de la tortilla (ver técnicas).

Para servir: Como platillo principal, sirva con frijoles negros guisados, arroz blanco y acompañe con tortillas de maíz. No se olvide de las guarniciones de cebolla para cochinita pibil y chiles habaneros.

Notas: Consulte las técnicas para preparar hojas de plátano frescas.

Achiote: el color de Yucatán El achiote o semillas de anatto del fruto de la vaina de un arbusto (*Bixa orellana*) es un ingrediente típico de la cocina yucateca. Las semillas son de un color castaño profundo. Cuando se usan en la cocina, le dan a la comida un hermoso color al igual que un delicioso sabor. Usualmente las semillas se muelen y mezclan con ajo, pimienta negra, pimienta gorda y orégano. Para hacer la pasta, la mezcla de especias es humedecida con vinagre o con jugos cítricos. Al tostar, esta pasta obtiene un sabor más profundo. Este recado rojo (también llamado recado colorado o pasta de achiote) puede ser usado para embadurnar carnes antes de cocerlas, o usarlo como marinado como en la cochinita pibil, akat de codillos y el pollo pibil (ver recetas). El recado rojo lo puede encontrar en supermercados que manejen productos latinos o puede comprarlo por Internet. También puede hacer su propio recado con semillas de achiote molidas o enteras (p. 12). Le recomiendo trabajar con semillas de achiote molidas ya que las semillas enteras son muy duras, así que son difíciles de moler y de hacer polvo. Se podrá imaginar por que le llaman "el azafrán de los pobres". ¿Pero puede adivinar por qué le llaman "el árbol del lápiz labial"? Achiote viene de la palabra *achiotl* que significa "arbusto" en náhuatl. Consulte el glosario para más información sobre el achiote.

(Fotografía por S. López/I. Escovedo)

Frijol con puerco

Rinde para aproximadamente 8-10 personas

Ingredientes

1 1/2 galón de agua

2 cucharadas de sal

1 libra de espinazos de puerco

1 1/2 libra de frijoles negros secos (limpios y seleccionados)

3 libras de carne de puerco (polomo, hombro o maciza), cortada en cubos de 1 pulgada

1/2 atado de epazote, ligeramente picado (tire la parte gruesa del tallo)

1/2 atado de cilantro fresco, ligeramente picado

Guarniciones

Cebolla roja, picada

Rábanos, picados

Cilantro fresco, picado

Aguacate, rebanado

Chiltomate (p. 16)

Rebanadas de limón

Chiles habaneros enteros (opcional)

Después de una noche de fiesta, es común escuchar en Yucatán: "Me voy a curar la cruda con un rico frijol con puerco". Este platillo es tan popular como remedio para la resaca que se ha convertido en el platillo tradicional para comer los lunes. Algunos fiesteros faltan al trabajo para poder comer su frijol con puerco, o se apresuran a llegar a casa para almorzar y así curarse la resaca. Pero usted no tiene por que esperar y hacer este platillo solo en esas ocasiones. Puede disfrutar de este platillo en cualquier momento que se le antoje una comida rica y sustanciosa.

1. Hierva el agua y la sal en una olla. Cuando ya esté hirviendo, añada el espinazo. Tape la olla y baje un poco la flama dejando cocer por 45 minutos hasta que la carne esté cocida, suave y suelte su parte gelatinosa (colágeno). Saque la espuma que suba a la superficie con un cucharón y tírela.

2. Agregue los frijoles negros, cubra y déjelos cocer a fuego bajo hasta que los frijoles comiencen a abrirse, aproximadamente 30 minutos.

3. Luego añada los cubos de puerco. Cubra y deje cocer por una hora o hasta que el puerco esté cocido y suave. Pero, cinco minutos antes de que el puerco se termine de cocer, agregue el epazote y el cilantro. Ajuste la sal si es necesario.

4. Antes de servir, saque los espinazos de puerco, ya que para este punto habrán cumplido con el propósito de darle sabor al caldo (pero no los tire ya que de este lado de la frontera tienen más carne y son deliciosos). Si es necesario ajuste la sal.

Para servir: Coloque la carne en platos profundos y ponga encima un poco de la cebolla picada, los rábanos y el cilantro. Si gusta, puede mezclar estos tres antes de echarlos sobre la carne. Sirva unas rebanadas de aguacate, unas cucharadas de chiltomate, y finalmente coloque encima el chile habanero. A un lado, sirva un tazón de frijoles y caldo y échele encima una cucharada de chiltomate, un chorrito de limón y también su dosis de cebolla picada, rábanos y cilantro. Acompañe con tortillas de maíz, bolillos o barras de francés. Podría servirlo también con arroz blanco.

Costillas en Pipián
Costillas de puerco en salsa de semilla de calabaza

Rinde para aproximadamente 6-8 personas (foto en la página 81)

El uso de las semillas de calabaza liga este platillo a tiempos pre-colombinos. Fue un ingrediente usado de manera habitual hace mucho tiempo. Recuerde que las calabazas son originarias de América. Antes de que los españoles llegarán al continente, la versión de este platillo se hubiera servido con venado o conejo.

1. Hierva el agua y la sal en una olla grande. Añada los espinazos y baje la temperatura a fuego medio. Tape la olla y cueza por 15 minutos, vertiendo más agua si el nivel de ésta baja. Saque la espuma que suba a la superficie con un cucharón y tírela.

2. Añada las costillas. Al hervir de nuevo, saque la espuma que suba a la superficie con un cucharón y tírela.

3. Agregue los tomates, las semillas de calabaza molidas, el epazote y el chile serrano. Cubra y cueza a fuego alto por 1 hora hasta que la carne de los espinazos y de las costillas se cuezan y que puedan separarse del hueso.

4. Saque la carne de la olla, separe los huesos de la carne y ponga la carne en un recipiente. Tape el recipiente con la carne para mantener la carne tibia.

5. Para hacer la salsa, licúe los contenidos de la olla en una licuadora o con una licuadora manual. (Asegúrese de que no queden huesos en la olla). Regrese la salsa a la olla.

6. En un recipiente aparte, mezcle la masa harina y el agua tibia o el consomé hasta incorporar los ingredientes. Vierta lentamente en la olla, moviéndolo hasta que la salsa espese a su consistencia deseada. Si la salsa está todavía un poco granulada, licúe de nuevo hasta que la textura esté fina; si la salsa está muy espesa, agregue más agua o consomé.

7. Ponga las costillas en la salsa y caliente por 5 minutos. Ajuste la sal si es necesario. No mueva mucho la salsa con las costillas para que la carne no se despedace. (Recuerde, no tire los espinazos).

Para servir: Ponga las costillas en pipián sobre un montículo de arroz blanco y decore con los tomates picados, las semillas de calabaza tostadas y las hojas de epazote. Acompañe con tortillas de maíz.

Ingredientes

1 galón de agua

1 cucharada de sal

1 libra de espinazo de puerco

3-3 1/2 libras de costillas de puerco

6 tomates roma, cortado en cuartos (aproximadamente 1 1/2 libras)

3 tazas de semillas de calabaza tostadas sin cáscara molidas (p. 17)

1 ramita de epazote

1 chile serrano

1 tasa de masa harina (ver glosario)

1 taza de agua tibia (o consomé de pollo, res o puerco)

Guarniciones

Tomates roma, picados

Semillas de calabaza enteras, tostadas

Hojas frescas de epazote

Poc Chuc
Puerco al carbón

Rinde para aproximadamente 6-8 personas

Ingredientes

3 libras de lomo de puerco, cortado en rebanadas diagonales de 1/4 pulgada de ancho

Sal

Aceite vegetal

Guarniciones (dependiendo de como se vaya a servir)

Rodajas de naranja agria (o de limón)

Chiltomate (p. 16)

Cebolla para poc chuc (p. 142)

Rebanadas de aguacate

Rebanadas de tomate

Hojas de lechuga

Chiles habaneros enteros (opcional)

Frijoles de la olla o frijoles colados (pp. 143 y 144)

Longaniza (o chorizo, ver glosario)

La historia de este platillo está ligada a la de los hombres que trabajaban la caoba (cedro) y otras maderas finas en Yucatán; y a la de los chicleros que recolectaban chicle o la resina pegajosa del árbol de zapote (actualmente es una tradición que sigue vigente). A medida que se abrían camino más y más en lo profundo de la selva, se alejaban más de sus casas como para regresar a comer. Así que se crearon una manera de preparar o de preservar carne por hasta 2 semanas. Básicamente, curaban el puerco en cajas de maderas. Colocaban una capa de carne, luego la sal, la grasa del animal y la piel. Para comerla, la sumergían en agua para quitarle la sal, la asaban al carbón y la comían con jugo de naranja agria y tortillas de maíz. Afortunadamente, este platillo se ha podido adaptar a las cocinas de casa.

1. Póngale un poco de sal a las rebanadas de puerco por ambos lados.

2. Coloque la carne sobre un asador con carbón y ase por 5 minutos, volteando la carne una vez. También la puede hacer en una sartén con un poquito de aceite vegetal o sobre el asador de la estufa.

Para servir: Hay tres maneras populares de comer poc chuc. Como platillo principal, coloque las rebanadas de carne en un plato y sirva con cebolla para poc chuc, chiltomate, unas rebanadas de aguacate, tal vez longaniza y frijoles de la olla o frijoles colados a un lado. Haga una torta cortando una barra de francés o bolillo y unte frijoles colados en cada mitad del pan. Ensamble la torta poniendo el poc chuc, unas rebanadas de tomate, lechuga, chiltomate y cebolla para poc chuc. O también puede picar la carne para hacer tacos con tortillas de maíz, frijoles colados, lechuga, chiltomate y cebolla para poc chuc. No se olvide de servir chiles habaneros si le gusta el picante.

Notas: En Yucatán los frijoles son siempre frijoles negros (ver el recuadro en la página 149 y el glosario) y las tortillas siempre son de maíz (ver el recuadro en la página 36 y el glosario).

A la derecha se encuentra una foto del poc chuc con sus acompañamientos: Chiltomate (p. 16), cebolla para poc chuc (p. 142) y longaniza (ver glosario).

Puerco empanizado
Milanesa de puerco estilo Yucatán

Rinde para aproximadamente 6-8 personas (foto en la página 80)

Ingredientes

1 1/2 cucharadas de recado para bistec (p. 12)

1/2 taza de jugo de limón

1/2 cucharadita de sal

2 libras de lomo de puerco, cortado en rebanadas de 1/8 de ancho

1 taza de harina

2 huevos, ligeramente batidos

2 tazas de galletas Marias molidas (o Panco, ver notas y glosario)

1/2 taza de aceite vegetal

Cebolla para panuchos (p. 142)

Éste es otro popular platillo que se puede disfrutar en cualquier ocasión como platillo principal, en tacos o tortas. Es similar a una milanesa italiana pero con un toque yucateco.

1. Para hacer el marinado, mezcle en un recipiente no reactivo el recado para bistec, el jugo de limón y la sal.

2. Marine la carne por 30 minutos. No lo marine por más tiempo por que la carne tendrá un sabor muy ácido.

3. Tire el marinado, drene y seque un poco la carne con toallas de papel.

4. Pase ambos lados de las rebanadas de carne por la harina sin ejercer presión. Remoje en los huevos batidos y cubra la carne con las galletas Marias molidas, presionando para que se incrusten en ella.

5. Caliente el aceite en una sartén y fría la carne a fuego medio hasta que se dore, aproximadamente 2 minutos por cada lado.

Para servir: Para servir estilo familiar, ponga una cama de lechuga en un platón, coloque las milanesas y eche un poco de cebolla para panuchos encima. Acompañe con arroz con azafrán, frijoles de la olla o frijoles colados. No se olvide de las tortillas de maíz.

Notas: Las galletas Marías son unas galletas económicas y populares que se disfrutan en toda América Latina. Son muy fáciles de encontrar en la mayoría de los supermercados en Estados Unidos. A veces tienen diferentes nombres, pero casi todas tienen el mismo sabor. Puede usar Panco molido como sustituto, pero ¿para qué? Las galletas Marías no son muy dulces y le añaden un sabor muy especial al platillo.

Chilmole de puerco
Puerco en salsa de recado negro

Rinde para aproximadamente 6-8 personas (foto a la derecha)

Ingredientes

1 galón de agua

1 libra de espinazos de puerco

2 libras de maciza, cortado en cubos de 1 pulgada

3 cucharadas (2 onzas) de recado negro (p. 12)

1 cucharada de sal

6 tomates roma, cortado en cubos

Considere este platillo como una versión simple del pavo en relleno negro (p. 77). Con la diferencia que no lleva el relleno (o albóndigas). Lo que no le falta es el delicioso recado negro. Le da color y un intenso sabor ahumado al platillo. Le da un toque más especial si antes de servirlo escalfa unos huevos en el caldo.

1. Hierva el agua en una olla grande. Añada los espinazos y la carne de puerco en cubos. Deje que hierva de nuevo, pero antes de que alcance el punto de ebullición, sáquele la espuma que suba a la superficie con un cucharón y tírela. Cueza por 15 minutos. Separe 2 tazas del caldo.

2. Mezcle el recado negro y una taza del caldo tibio que separó (del paso #1) en una licuadora. Vierta la mezcla a través de un colador fino a la olla con el caldo y la carne. Añada la sal, los tomates en cubos y epazote. Deje hervir,

luego baje la flama. Deje cocer y tape parcialmente la olla. Cueza de 1 a 1 1/4 hora.

3. Antes de que llegue el caldo a 1 hora de cocimiento, mezcle en una licuadora la taza de caldo restante (del paso #1) y la masa harina. Vierta lentamente la mezcla a la olla para que el caldo espese. Mueva hasta que alcance la consistencia de una salsa espesa. Ajuste la sal si es necesario.

4. Rompa 6 huevos crudos, uno por uno, dentro de la salsa para que se escalfen. Después agregue las ciruelas y apague el fuego. Una vez que se cuezan los huevos, ya está listo el chilmole.

Para servir: Sirva en tazones y acompañe con tortillas de maíz, pan francés o bolillos. Este platillo no se sirve ni con arroz ni con frijol. Si decidió no escalfar los huevos en la salsa, entonces ponga unas rebanadas de huevo cocido sobre el chilmole de puerco. Independientemente de lo anterior, siempre échele encima un poco de los tomates en cubos y el epazote.

Notas: Las ciruelas (*Spondias mombin*), son frutos muy agrios y son difíciles de encontrar. En Yucatán no se acostumbra usarlas en este platillo en particular, pero a mi familia le gusta la acidez que le da al chilmole. Las ciruelas son de la familia de los jocotes. Como sustituto podría usar tomatillos milperos, que son tomates muy chiquitos, pero que también son difíciles de encontrar. Así que si no puede encontrar ninguno de estos dos, no se preocupe, de igual manera su chilmole de puerco sabrá muy rico.

2 ramitas de epazote (sin los tallos gruesos)

1/2 taza de masa harina

6 huevos

20 ciruelas (opcional) (ver notas)

GUARNICIONES

Huevos cocidos, pelados y rebanados (opcional, ver instrucciones para servir)

Tomates roma, cortados en cubos

Epazote fresco, ligeramente picado

Puerco entomatado

Rinde para aproximadamente 6-8 personas (foto en la página 80)

Ingredientes

4 libras de carne de puerco (polomo, hombro de puerco, maciza, lomo de puerco o filete), cortado en cubos de 1 pulgada

Agua

1 1/2 cucharadas de sal

1 cucharadita de pimienta negra molida

2 libras de tomates roma, cortados en cuartos

Este platillo se originó en Valladolid, antigua capital del estado de Yucatán. Es muy parecido a los lomitos de Valladolid, con la diferencia de que se usa carne de puerco en lugar de órganos de puerco. Es tan fácil de hacer que podría prepararlo en cualquier momento para satisfacer su familia.

1. Ponga los cubos de carne en una sartén grande. Vierta suficiente agua como para cubrir la carne casi en su totalidad. Agregue la sal y la pimienta.

2. Eche los tomates en cuartos a la carne. Cubra la sartén y cueza de 4-5 minutos a fuego alto. Luego baje la temperatura y deje cocer por 1 1/2 a 2 horas hasta que la carne esté cocida y suave.

3. Mueva el contenido de la sartén rompiendo los tomates para que se mezclen bien con la carne. Ajuste la sal si lo necesita.

Para servir: Acompañe con frijoles de la olla y suficientes tortillas de maíz. Así de simple.

Pezuñas rebosadas

Patas de puerco capeadas

Rinde para aproximadamente 8-10 personas (foto en la página 80)

Ingredientes

1 galón de agua

10 patas de puerco medianas (de 12 onzas cada uno aproximadamente), cortadas a la mitad a lo largo

1 cabeza de ajo asada

2 cucharaditas de sal

1 cucharadita de pimienta negra molida

1/2 cucharadita de orégano seco

6 huevos

1 taza de harina

Aceite vegetal

Guarniciones

Cebolla para panuchos (p. 142)

Las patas de puerco (pezuñas) han vuelto a ser populares entre chefs y consumidores de comida gourmet. Este platillo está para chuparse los dedos, así que tenga a la mano suficientes servilletas y disfrútelo.

1. Ponga a hervir el agua en una olla grande.

2. Añada las patas de puerco, el ajo, la sal, la pimienta, el orégano y deje hervir de nuevo. Luego baje la temperatura y cueza, parcialmente cubierto, de 2-2 1/4 horas. Las patas deben de estar suaves al punto de que los tendones estén por separarse del hueso.

3. Saque las patas y séquelas con cuidado con toallas de papel (consulte la nota de abajo para el cómo deshuesar, opcional).

4. Bata los huevos, hasta que espumen.

5. Caliente el aceite (1 pulgada de profundidad) en una sartén a fuego medio-alto.

6. Pase las patas por la harina, después por los huevos y póngalas en la sartén. Fría hasta que doren. Retire y escurra sobre toallas de papel. (También podría freírlas en una freidora a 375ºF).

Para servir: Coloque las pezuñas en un plato. Póngale encima la cebolla para panuchos y sirva con frijoles de la olla. Acompañe con tortillas de maíz. A mi me encanta comerlas en tacos también.

Notas: La manera moderna de preparar pezuñas rebosadas es deshuesarlas después de que se hayan cocido. Para hacer esto, deje enfriar las patas y, con guantes (ya que son pegajosas), meta sus dedos dentro de la pezuña, rompa y saque los huesos y cartílagos tratando de mantener entera la pezuña. Luego siga las instrucciones del paso 6.

QUESO RELLENO

Rinde para aproximadamente 12 personas

Las bolas de queso Edam son muy populares en Yucatán. Datan de la época donde se comerciaba marítimamente con holandeses y con piratas que navegaban las aguas del mar Caribe. Los marinos podían tomarse el tiempo de socavar las bolas de queso durante sus largos viajes. Eventualmente ese queso llegó a Quintana Roo y abriéndose así camino hasta Yucatán. Sin embargo, no cualquier queso Edam serviría para la preparación de este platillo. Una marca holandesa llamada Gallo Azul es hecha y comercializada exclusivamente para esta región de México—especialmente para hacer queso relleno. Para la creación de este platillo se requiere de muchos pasos, así que tal vez quiera leer toda la receta antes de empezar con la preparación.

Para preparar el relleno de carne

1. Ponga en un procesador de comida 1 taza de agua, la sal, la pimienta, el vinagre, los tomates, las cebollas, el pimiento verde, el pimiento rojo, y el ajo. Mezcle hasta obtener una textura como de una salsa troceada.

2. En una olla grande, agregue la carne molida y la "salsa" del procesador (del paso #1). Cocine a fuego medio por 45 minutos, moviendo y rompiendo la carne para que no queden pedazos grandes.

3. Una vez que la carne esté cocida casi en su totalidad, añada las aceitunas, las alcaparras, las pasitas y las almendras. Cocine de 15-20 minutos.

4. Agregue las claras de huevo cocidas y picadas y continúe cociendo de 30-45 minutos hasta que todo el líquido se haya evaporado. Ajuste la sal si es necesario.

Para preparar y rellenar la bola de queso

1. Con la bola de queso a temperatura ambiente, retire la envoltura de celofán que tiene.

Ingredientes

1 bola de queso bebé Edam (3 libras aproximadamente)

Relleno de carne

1-2 tazas de agua

2 1/2 cucharaditas de sal

3 cucharaditas de pimienta negra molida

1/8 taza de vinagre

8 tomates roma pequeños

1 cebolla blanca mediana, picada

1 pimiento verde de mediano a grande, picado

1 pimiento rojo de mediano a grande, picado

2 dientes de ajo, pelados y finamente picados

5 libras de carne de puerco magra molida

30 aceitunas verdes deshuesadas, rebanadas

2 cucharaditas de alcaparras

1/2 taza de pasitas

2 cucharaditas de almendras blanqueadas, rebanadas

6 huevos cocidos (separe las yemas de las claras; pique las claras y deje las yemas enteras)

Salsa blanca para queso relleno

6-7 cucharadas de margarina

1 1/2 cucharada de cebolla blanca finamente picada

1 1/2 cucharada de pimiento verde finamente picado

1 1/2 cucharada de pimiento rojo finamente picado

2 dientes de ajo, pelados y picados

4 tazas de consomé de pollo

8 a 10 hebras de azafrán

3-4 cucharadas de harina

1 1/2 cucharadita de alcaparras, finamente picadas

Sal al gusto

Pimienta negra molida al gusto

Sofrito para queso relleno

2 cucharadas de aceite de olivo

8 tomates roma pequeños, cortados a la mitad a lo largo, y luego en rebanadas delgadas

1 cebolla blanca, finamente rebanada

2 dientes de ajo, pelados y picados

1 chile x'catic (chile güerito), finamente rebanado (ver glosario)

1 cucharadita de sal

1/4-1/2 taza de consomé de pollo, si se necesita (o salsa de tomate, ver instrucciones)

Guarniciónes (opcionales)

Chiles habaneros, salsa de chile habanero o chile kut (capítulo 1)

2. Haga dos cortes superficiales perpendiculares alrededor de la bola de queso para remover las capas de cera. La capa más gruesa es roja y la capa más delgada es amarilla. Estas capas de cera no son muy gruesas así que tenga cuidado al hacer los cortes para no perforar el queso.

3. Con un cuchillo pequeño, haga un corte superficial cuadrado de 1 1/2 pulgadas en la parte superior de la bola de queso. Haga un corte profundo por los cuatro lados del cuadro, inclinando el cuchillo hacia el centro del queso para remover el pedazo de queso con forma de pirámide. Luego corte la punta de la "pirámide" para crear la tapa y guárdela.

4. Con una cuchara (como la de té), escarbe el queso hasta que la bola esté hueca, dejando una pared interior alrededor de la bola de 1/2 a 3/4 de pulgada de grosor. (Ver notas).

5. Llene la mitad de la bola con el relleno de carne, compactándola.

6. Coloque cuidadosamente las 6 yemas de huevo sobre el relleno de carne.

7. Rellene con más carne hasta el tope de la bola de queso, compactándola. Póngale la tapa de pirámide al hoyo de la bola de queso. Le quedará suficiente carne para utilizar al momento de servir.

8. Envuelva la bola de queso con papel aluminio, asegurándose de que el papel esté bien adherido al queso.

9. Ponga la bola de queso rellena y envuelta sobre un tazón de vidrio resistente al calor y que sea aproximadamente del mismo tamaño que la bola para que el queso esté ajustado. Coloque el tazón con el queso sobre un recipiente para baño maría con agua hirviendo, tape o cubra con papel aluminio y cueza al vapor por 45 minutos. (Esto le da tiempo suficiente para hacer la salsa blanca para queso relleno y el "sofrito").

10. Saque el tazón de vidrio del recipiente para baño maría y deje reposar la bola de queso por lo menos 30 minutos. Retire el papel aluminio de la bola de queso antes de servir.

Para preparar la salsa blanca

1. Derrita la margarina en una ollita a fuego bajo a medio. Agregue la cebolla, los pimientos, el ajo y saltee hasta que las verduras queden blandas.

2. En una olla aparte, hierva el consomé de pollo y añada las verduras salteadas y el azafrán.

3. Disuelva la harina en un poco del consomé y vierta a la olla para espesar la salsa. La salsa está suficientemente espesa cuando mete una cuchara y la salsa la cubre sin que escurra.

4. Agregue las alcaparras y mueva hasta que se incorpore.

5. Añada sal y pimienta al gusto.

Para preparar el sofrito

1. Caliente el aceite de olivo en una sartén. Añada los tomates, la cebolla, el ajo, el chile y la sal. Saltee a fuego medio por 10 minutos. El sofrito no debe ser aguado, pero si está muy seco, agregue 1/4-1/2 de consomé de pollo o de salsa de tomate. Ajuste la sal si es necesario.

Para servir: Coloque una rebanada de queso relleno de 1 pulgada de ancho sobre un plato con unas cucharadas de la carne de relleno que sobró y unas cucharadas de salsa blanca. Eche sobre el queso relleno unas cucharadas de sofrito. Acompañe con tortillas de maíz, pan francés o bolillos y los chiles o salsa de chile de su elección.

Notas: A una familia yucateca le lleva una semana o más para dejar hueca una bola de queso, ya que van escarbando pedazos de queso de poco en poco para comer hasta que la dejan hueca y lista para hacer queso relleno. Una vez que la bola de queso se haya cocido al vapor y le haya quitado el papel aluminio, se presenta sobre un platón con la carne que sobró del relleno en el centro de la mesa para que cada persona se sirva su propia rebanada. Se puede preparar el relleno con otros tipos de carne molida, pero la que se usa comúnmente es la de puerco. No necesita que le digan que guarde el queso que escarbó de la bola y así pueda usarlo para otros propósitos.

Más notas: Si usted pone de boca abajo la parte de la bola que se abrió y que se cerró con la tapa de pirámide en el tazón de vidrio, la apertura con la tapa se sellará por sí sola. Si el tazón que usa para cocer el queso al vapor es más grande que la bola, el queso se expandirá y se aplastará ligeramente.

Abajo: La marca favorita de queso Edam en Yucatán—Gallo Azul—es perfecto para un delicioso queso relleno.

Capítulo 7

Carne de res y de venado

Tenemos que darle crédito a Cristóbal Colón por haber introducido el ganado al Nuevo Mundo en su segundo viaje en 1494. Los españoles continuaron llevando ganado por el Atlántico, y en 1520 ya se reportaban hasta 8,000 cabezas de ganado en lo que ahora es México. De hecho, los ganados se trasportaban desde México hacia el norte en lo que ahora es Estados Unidos y al sur a las pampas de Sudamérica.

Para nuestros propósitos, estamos hablando de vacas, toros y becerros, no de otro tipo de ganado bovino. Aunque fue más fácil que los habitantes del Nuevo Mundo se acostumbraran a los cerdos y gallinas, seguramente el tener res disponible habrá sido muy apreciado como una gran fuente de proteína.

Pero, también debemos recordar que con el ganado también llegó la leche, de la leche el queso y otros productos lácteos. El ganado le dio un impulso a la dieta de los mayas y, al paso del tiempo, las amas de casa y los profesionales de la cocina desarrollaron e innovaron platillos donde fusionaron comidas del Nuevo y del Viejo Mundo.

Cada parte de la vaca—de la cabeza al rabo—encuentra un lugar en la mesa. Sin embargo, solo la receta del chocolomo (p. 100) usa creativamente cortes como el hígado, riñones, corazón y médula ósea (tuétano).

Del lado salvaje

Los mayas siempre aprovecharon la riqueza que la naturaleza les ofrecía. Ellos no tuvieron ganados hasta después de la Conquista, pero sabían que hacer con los venados silvestres. En Yucatán, habían venados de cola blanca y guazuncho de sobra. Desafortunadamente, la populación de estas especies ha sido grandemente reducida en Yucatán por la sobre caza y destrucción de su hábitat.

La buena noticia es que el venado ya se encuentra disponible en granjas comerciales, para que pueda seguir preparando platillos que están estrechamente ligados a los antiguos mayas. Si no puede encontrar venado en su supermercado, puede conseguirlo por Internet. Y si ya dominó los platillos de res y puerco, no tendrá ningún problema para preparar los platillos de venado que aquí le presentamos. Para más información sobre la carne de caza, consulte el glosario.

Página opuesta: Bistec de cazuela (p. 98)

A la derecha, desde arriba: Vendedores del mercado (ella está portando un huipil tradicional); una selección de artesanías hechas con hoja de palma tejida en venta en Becal, Campeche; chiles habaneros verdes.

Bistec de Cazuela

Rinde para aproximadamente 6 personas (foto en la página 96)

Ingredientes

2 libras de solomillo de res, en rebanadas de 1/2 pulgada de ancho

El jugo de 3-4 naranjas agrias (o limones) (aproximadamente 1/3 de taza de jugo)

1 cucharada de recado para bistec (p. 12)

1 cucharadita de sal

2-3 cucharadas de aceite vegetal

4 tomates roma, partidos por la mitad a lo largo, y luego finamente rebanados

1/2 cebolla blanca, rebanada

1 cabeza de ajo, asada

1/2 pimiento verde, rebanado

1/2 pimiento rojo, rebanado

2 chiles güeritos, asados

2 papas Russet medianas, sin pelar, rebanadas en rodajas de 1/4 a 1/2 pulgada de ancho

Así como el bistec de vuelta y vuelta (ver receta abajo), este platillo obtiene una dimensión superior de sabor al marinar la carne en recado para bistec. También el sofrito de verduras salteadas le añade otra dimensión de sabor. Pero, es el lento cocimiento en la olla lo que hace que la carne quede extra suave y sabrosa.

1. En un recipiente no reactivo, diluya el recado para bistec en el jugo de naranja agria (o de limón) y la sal para hacer el marinado.

2. Añada la carne al marinado y marine por 30 minutos.

3. Caliente el aceite vegetal en una sartén caliente, y fría rápidamente cada rebanada de carne por 30 segundos por lado para sellarla. Póngalas en un recipiente aparte, cubra y mantenga las piezas de carne tibias.

4. En la misma sartén donde frió la carne, añada los tomates, la cebolla, el ajo, los pimientos verdes y rojos, los chiles güeritos (con o sin semillas) y el marinado que haya quedado. Saltee hasta que las cebollas queden translúcidas.

5. Ponga las piezas de carne y las verduras salteadas en una olla y añada suficiente agua casi para cubrir la carne y las verduras. Cubra la olla y deje cocer a fuego medio hasta que la carne quede suave. Aproximadamente 45 minutos.

6. Coloque las rebanadas de papa encima de la carne, cubra y cueza por otros 5 minutos, luego voltee las rebanadas de papa, tape la olla, apague la flama y deje reposar por 5 minutos o hasta que las papas estén cocidas y suaves. Ajuste la sal si es necesario.

Para servir: Acompañe con arroz blanco, frijoles de la olla y tortillas de maíz. Asegúrese de que cada porción tenga suficientes papas.

Bistec de Vuelta y Vuelta

Rinde para aproximadamente 6 personas (foto al la derecha)

La carne y las cebollas

El jugo de 3-4 naranjas agrias (o limón) (aproximadamente 1/3 taza de jugo)

1 cucharada de recado para bistec (p. 12)

1 cucharadita de sal

2 libras de filete de res, rebanado en medallones de 1/4 de pulgada de ancho

2 cucharadas de aceite vegetal

Este platillo no se prepara tan seguido en las casas ya que algunas personas piensan que es un poco complicado por que tiene muchos componentes. Pero es muy fácil de preparar y vale la pena el esfuerzo. La dimensión extra de sabor la obtiene por el marinado de la carne en recado para bistec que hace muy especial el platillo. Tal vez sus equivalentes en otras partes de América Latina seria el lomo encebollado en Cuba o el lomo saltado en Perú.

Para preparar la carne y las cebollas

1. Diluya el recado de bistec en jugo de naranja agria (o limón) y sal en un recipiente no reactivo para hacer el marinado.

2. Aplane los medallones de res para hacer filetes de 1/8 de pulgada (ver notas). Añada la carne al marinado y marine por 30 minutos.

3. Caliente el aceite vegetal en una sartén bien caliente. (Si el fuego está muy bajo va a obtener una carne al vapor). Fría los filetes rápidamente por 30

segundos aproximadamente por cada lado hasta dorar la carne. Separe, cubra y mantenga tibia la carne.

4. En la misma sartén donde frió la carne, añada las cebollas y el marinado que haya quedado. Saltee hasta que las cebollas se caramelicen. Separe, cubra y mantenga tibias las cebollas.

Para preparar las papas

1. Remoje las rebanadas de papa en agua con sal por 1 hora.

2. Seque las rebanadas de papa con toallas de papel.

3. Fría las papas en una sartén a fuego medio con aceite vegetal hasta que se cuezan por dentro y se doren por fuera.

Para servir: Coloque una pieza de carne sobre una hoja de lechuga y ponga un poco de las cebollas caramelizadas encima de la carne. Sirva con arroz blanco, plátanos fritos, las papas, el pico de gallo y los rábanos (opcional). Acompañe con frijoles colados y tortillas de maíz.

Notas: Para aplanar la carne, ponga cada pieza entre dos pedazos de plástico adherente, y golpee con la parte plana de un aplanador de carne o con una sartén chica y pesada hasta que tenga el tamaño y grosor que desee—en este caso de aproximadamente 1/8 de pulgada de ancho.

2 cebollas rojas medianas, finamente rebanadas

Las papas

2 papas Russet, peladas y rebanadas en rodajas de 1/8 de pulgada de ancho

Agua

1 cucharadita de sal

2 cucharadas de aceite vegetal

Guarniciones

Hojas de lechuga

Plátanos fritos (p. 144)

Pico de gallo (p. 13)

Rábanos para decoración (opcional)

Salpicón de res

Rinde para aproximadamente 6 personas

Ingredientes

2 libras de arrachera o pecho de res (ver notas)

1/2 galón de agua

1 cabeza de ajo, asado

1/2 cucharadita de orégano seco

1 cucharada de sal

1/2 cucharadita de pimienta negra molida

2 ramitas de cilantro fresco

1 receta de salpicón (p. 15)

Guarniciones

Chiltomate (p. 16)

Chiles habaneros, enteros (opcional)

Este platillo es refrescante y relativamente bajo en grasa. No es frito, los sabores vienen de ingredientes básicos y frescos que se usan en toda la península. Este platillo sabe mejor si se sirve y se come inmediatamente después de prepararlo. Casi nunca puedo aguantarme las ganas de hacerme un taco una vez que el salpicón esté listo.

1. Vierta el agua en una olla grande y añada la carne, el agua, el ajo, el orégano, la sal, la pimienta, el cilantro y deje hervir. Sáquele la espuma que suba a la superficie con un cucharón y tírela. Baje la temperatura, cubra y cueza hasta que la carne esté suave y pueda deshebrarse fácilmente, aproximadamente 1-1 1/2 hora. (También puede usar el método de la tortilla para averiguar si la carne esté suave, ver técnicas).

2. Saque la carne de la olla y deje enfriar. Luego deshebre finamente la carne, quitándole los tendones.

3. Mezcle en un tazón grande la carne deshebrada y el salpicón hasta que se incorpore. Si es necesario, ajuste la sal.

Para servir: Lo puede servir en un tazón grande con el chiltomate y los chiles habaneros como guarniciones para que cada quien tome su porción de salpicón. Acompañe con frijoles colados y tortillas de maíz.

Notas: En muchos de los mercados y supermercados donde la mayoría de la clientela son latinos, verá carne de res marcada como "carne para deshebrar". Ésta puede ser arrachera o pecho de res, cualquiera de las dos es buena para esta receta. Vea como referencia la fotografía del salpicón de venado en la página 111.

Chocolomo

Caldo de carnes surtidos

Rinde para aproximadamente 6 personas (foto a la derecha)

Ingredientes

1 galón de agua

2 libras de espinazo de res

1 cucharada de sal

2 libras de solomillo de res, cortado en cubos de 1 pulgada

1/2 libra de corazón de res, cortado en cubos de 1 pulgada

1/2 libra de hígado de res, cortado en cubos de 1 pulgada

1/2 libra de riñón, cortado en cubos de 1 pulgada

El chocolomo es el equivalente yucateco de lo que vendría siendo otro platillo popular en todo México llamado cocido de res. Como ha de esperarse, este platillo tiene un toque particular. Se usan los órganos de la res y la cebolla y el ajo son asados. Este platillo evolucionó del uso que se le daba a la carne de los desafortunados toros que perdían en las "corridas" de los pueblos pequeños en Yucatán. Estas "corridas" llamadas "charlotadas" son parte de las festividades que se realizan en honor al santo patrono del pueblo. Es casi seguro que muchos de los toreros no están precisamente en estado de sobriedad al momento de torear.

1. Hierva el agua en una olla grande. Añada los espinazos de res y la sal. Baje la temperatura, cubra y cueza por 30 minutos a fuego alto. Ocasionalmente, sáquele la espuma que suba a la superficie con un cucharón y tírela.

2. Agregue el solomillo, el corazón, el hígado, el riñón y la médula ósea (o rabos), al igual que la cebolla, el ajo, las pimientas y el orégano. Cubra y cueza a fuego bajo de 45 minutos a 1 hora o hasta que las carnes estén suaves. (Esté

al pendiente del nivel del agua. Vierta más agua si se necesita para mantener un nivel de agua de 1/2 pulgada arriba de las carnes). Ajuste la sal.

Para servir: Sirva el chocolomo en tazones y con la clásica guarnición de salpicón (foto superior). Acompañe con suficientes tortillas de maíz.

Notas: Puede sustituir las médulas óseas por rabos de res. Se sorprenderá lo suave y carnosos que son. Y como siempre, guarde los espinazos ya que su carne también es muy suave al igual que carnosa.

1/2 libra de médula ósea de res (tuétano) (o rabos de res)

1 cebolla blanca asada, cortada en cuartos

1 cabeza de ajo, asada

1 cucharadita de pimienta negra entera

1/2 cucharadita de orégano seco

GUARNICIÓN

Salpicón (p. 15)

CAPÍTULO 7: RES Y VENADO 101

ALBÓNDIGAS CON FIDEOS

Rinde para aproximadamente 6 personas

Esta es la versión yucateca de la sopa de albóndigas. Aquí se usa la hierbabuena en el caldo en lugar de mezclarla con la carne molida. Otro particular toque es el chile güerito asado y el recado rojo. Mi esposa hace las mejores albóndigas con fideos. Me encanta llegar a casa y descubrir que las ha preparado. Este platillo engloba lo que es una comida reconfortante.

1. Mezcle la carne molida de res y puerco con 1 1/2 cucharadita de sal y la pimienta. Forme las albóndigas de aproximadamente 1 1/2 pulgada de diámetro (más o menos del tamaño de una bola de golf).

2. Caliente el aceite vegetal en una sartén caliente y dore las albóndigas. Póngalas en una olla grande.

3. Guarde 1 cucharada de la grasa que soltaron las albóndigas y caliente en la misma sartén. Añada los tomates, las cebollas, los ajos, y los pimientos verdes y rojos. Saltee hasta que las cebollas queden translucidas.

4. Cubra las albóndigas en la olla con agua hasta que reduzca aproximadamente a 1 pulgada sobre la carne. Añada la cucharadita de sal restante, las verduras salteadas, la hierbabuena y los chiles güeritos. Hierva de nuevo.

5. Saque 1/2 taza del caldo de la olla con las albóndigas y disuelva el recado rojo. Cuele de regreso a la olla.

6. Cubra y deje cocer hasta que las albóndigas se cuezan, aproximadamente 20 minutos.

7. Añada los fideos a la olla y hierva de nuevo. Cubra la olla, apague el fuego y deje cocer la pasta por aproximadamente 15 minutos. Ajuste la sal.

Para servir: Sirva 3-4 albóndigas en un tazón profundo con los fideos y el caldo. Acompañe con tortillas de maíz.

INGREDIENTES

1 libra de carne molida de puerco

1 libra de carne molida de res

2 1/2 cucharaditas sal (divididas)

1 cucharadita de pimienta molida

2-3 cucharadas de aceite vegetal

4 tomates roma, cortados en cuartos

1/2 cebolla blanca mediana, rebanada

4 dientes de ajo, asados

1/2 pimiento verde, rebanado

1/2 pimiento rojo, rebanado

Agua

2-3 ramitas de hierbabuena

2 chiles güeritos, asados (con o sin semillas)

1 1/2 cucharaditas de recado rojo (p. 12)

1 libra de fideos (o vermicelli)

CARNE MOLIDA

Rinde para aproximadamente 6 personas

INGREDIENTES

1/2 taza de agua

3-4 tomates roma, picados

1/2 cebolla blanca, picada

1/4 pimiento verde, picado

1/4 pimiento rojo, picado

2 libras de carne molida de puerco

1 1/2 cucharadita de sal

1 cucharadita de pimienta negra molida

Este platillo es tan simple que se puede disfrutar cualquier día de la semana. Es popular en Yucatán por ser económico y muy fácil de hacer. Es muy sabroso así que también merece reconocimiento. Es parecido al picadillo cubano.

1. Ponga el agua en una licuadora y licúe con los tomates, las cebollas y los pimientos hasta hacerlos puré.

2. Vierta el puré en una sartén a fuego alto, y añada la carne molida, la sal y la pimienta. Deje hervir.

3. Baje la temperatura a fuego medio, y rompa los pedazos grandes de la carne molida. Cocine sin tapar por 30 minutos aproximadamente hasta que se evapore casi todo el líquido. Si es necesario, ajuste la sal.

Para servir: Acompañe con frijoles de la olla y tortillas de maíz.

Notas: Este versátil platillo, puede usarse como guarnición de salbutes o como relleno para empanadas.

Buth negro de carne molida

Carne molida con recado negro

Rinde para aproximadamente 6 personas

El buth negro de carne molida es perfecto para tacos o tortas (sándwiches). De hecho, es también servido como botana en las cantinas acompañado de una cerveza fría. Los tacos también son servidos en ciertos eventos familiares como bautizos, fiestas de cumpleaños y otras actividades que se llevan a cabo en el día. Aunque no se sirven en eventos importantes como en una boda. El recado negro le añade un distintivo sabor como a quemado que a los mayas les encantaba en la carne.

1. Añada 1/2 taza de agua y la carne en una sartén grande a fuego alto. Deje hervir. Una vez que hierva, baje la temperatura a fuego medio.

2. Diluya el recado negro en la 1/2 taza de agua restante y cuele a la sartén.

3. Añada los tomates y el epazote y deje cocer por aproximadamente 25 minutos.

4. Agregue las claras de huevo picadas, mezcle bien y cueza por 5 minutos más. Ajuste la sal si es necesario.

5. Retire de la sartén, ponga la carne molida en un tazón grande y coloque las yemas de huevo enteras.

Para servir: Para porciones individuales, sirva unas cucharadas de carne en un tazón profundo y coloque 1 yema de huevo. Acompañe con frijoles de la olla y tortillas de maíz.

Ingredientes

1 taza de agua (dividida)

2 libras de carne molida de res

3 cucharadas (2 onzas) de recado negro (p. 12)

2 tazas de tomates romas picados

10 hojas de epazote frescas, picadas

Sal, si se necesita

6 huevos cocidos (separando las yemas de las claras; pique las claras y deje las yemas enteras)

Hígado encebollado

Rinde para aproximadamente 6 personas

Ingredientes

El jugo de 3-4 naranjas agrias (o de limones) (aproximadamente 1/3 de taza)

1 cucharada de recado para bistec (p. 12)

1 cucharadita de sal

3 libras de hígado de res, en filetes de 1/2 pulgada de grosor

2-3 cucharadas de aceite vegetal

4 cebollas rojas medianas, rebanadas

Guarniciones

Hojas de lechuga

Rebanadas de aguacate

Pico de gallo (p. 13)

Una de las maneras más clásicas de preparar hígado es abarrotándolo con muchas cebollas caramelizadas. En Yucatán le añaden una dimensión extra de sabor al marinar la carne en recado para bistec. La cebolla de elección es, obviamente, la cebolla roja.

1. Diluya el recado de bistec en el jugo de naranja agria (o de limón) y la sal en un tazón no reactivo.

2. Ponga a marinar el hígado por hasta 30 minutos.

3. Caliente el aceite vegetal en una sartén caliente. Fría el hígado por 30-45 segundos por ambos lados o hasta que ya no salga sangre. Repita, hasta freír todos los filetes de hígado. Cubra y mantenga caliente.

4. En la misma sartén donde frió el hígado, añada las cebollas y el marinado que haya sobrado del tazón. Saltee las cebollas hasta caramelizarlas.

Para servir: Ponga una cama de hojas de lechuga en un platón grande, coloque las piezas de hígado y eche las cebollas caramelizadas, unas rebanadas de aguacate y un poco de pico de gallo sobre los pedazos de hígado. Acompañe con arroz blanco, frijoles de la olla y tortillas de maíz.

Carnes de caza
Bistec de venado

Rinde para aproximadamente 6 personas

Esta receta es casi igual que el bistec de vuelta y vuelta (p. 98) con la diferencia que aquí se usa carne de venado en lugar de carne de res. La carne de caza ha sido parte de la alimentación básica de los yucatecos desde siglos atrás. De hecho, Yucatán es llamado "la tierra del faisán y el venado". Los mayas eran expertos cazadores desde tiempos precolombinos, y el comer carne de caza sigue siendo tradición en la región. Actualmente, la carne proviene de granjas y ranchos y no son cazados en su hábitat natural. En Yucatán, por ejemplo, los reducidos rebaños de venado silvestre ya están protegidos. La carne de venado que uso en mi restaurante viene de proveedores de Australia, Nueva Zelanda y Estados Unidos. Si usted no está acostumbrado a comer venado, tal vez encuentre muy fuerte el sabor de la carne pero también notará que es más suave que la res. (Para más información sobre la carne de caza, consulte el glosario y el recuadro en la página 110).

Para preparar la carne y las cebollas

1. Diluya el recado para bistec con el jugo de naranja agria (o de limón) y la sal, en un recipiente no reactivo.

2. Aplane los medallones de carne hasta formar filetes delgados de 1/8 de pulgada. (Consulte las notas en el bistec de vuelta y vuelta en la página 99 para consejos de cómo aplanar los filetes). Marine la carne hasta por 30 minutos.

3. Caliente el aceite en una sartén. Añada los filetes y fría rápidamente por 30 segundos por cada lado. Repita, hasta que fría todos los filetes. Cubra y mantenga caliente.

4. En la misma sartén donde frió los filetes, añada las cebollas y el marinado que haya sobrado. Saltee hasta que las cebollas se caramelicen. Sáquelas de la sartén, cubra y mantenga caliente.

Para hacer las papas

1. Remoje las papas en agua con sal por 1 hora.

2. Séquelas con toallas de papel.

3. Fría a fuego medio con el aceite vegetal hasta que doren por fuera y estén cocidas por dentro.

Para servir: Coloque un pedazo de carne sobre una cama de lechuga, ponga en el plato las cebollas caramelizadas, las papas, unas rebanadas de plátanos fritos, pico de gallo y los rábanos como decoración. Acompañe con arroz blanco, frijoles colados y con tortillas de maíz.

La carne y las cebollas

El jugo de 3-4 naranjas agrias (o de limón) (aproximadamente 1/3 de taza)

1 cucharada de recado para bistec (p. 12)

1 cucharadita de sal

2 libras de filete de venado, en medallones de 1/4 de grosor

2 cucharadas de aceite vegetal

2 cebollas rojas medianas, finamente rebanadas

Las papas

2 papas Russet, peladas y rebanadas en rodajas de 1/8 de pulgada de anchas

Agua

1 cucharadita de sal

2 cucharadas de aceite vegetal

Guarniciones

Hojas de lechuga

Plátanos fritos (p. 144)

Pico de gallo (p. 13)

Rábanos como decoración (opcional)

Pipián de Venado
Venado en salsa de semilla de calabaza

Rinde para aproximadamente 6-8 personas

Ingredientes

1 galón de agua

1 cucharada de sal

1 libra de espinazo de venado

3-3 1/2 libras de filete de venado, cortados en cubos de 1 1/2 pulgadas.

6 tomates roma, cortados en cuartos

3 tazas de semillas de calabaza tostadas sin cáscara molidas (p. 17)

1 ramita de epazote fresco

1 chile serrano

1 taza de masa harina (ver glosario)

1 taza de agua tibia (o consomé de pollo, puerco o res)

Guarniciones

Tomate roma, picado

Semillas de calabaza enteras, tostadas

Ramitas de epazote frescas

Si todavía no ha probado y disfrutado de las costillas en pipián (p. 87), pruebe esta receta. La carne de venado le da un sabor muy diferente, pero es igual de delicioso.

1. Hierva el agua con la sal en una olla grande. Añada los espinazos y baje la temperatura a fuego bajo o medio bajo. Cueza por 15 minutos, añadiendo más agua si el nivel de ésta baja. Saque la espuma que suba a la superficie con un cucharón y tírela.

2. Añada la carne de venado. Al hervir de nuevo, saque la espuma que suba a la superficie con un cucharón y tírela.

3. Añada los tomates, las semillas de calabaza molidas, el epazote y el chile serrano. Cubra y cueza a fuego medio por 30 minutos o hasta que la carne del espinazo se desprenda fácilmente del hueso y la carne de venado quede suave.

4. Saque la carne de la olla, deshuésela y póngala en un tazón cubierto para mantenerla caliente.

5. Para hacer la salsa, licúe el contenido de la olla en una licuadora o con una licuadora de mano.

6. En un recipiente aparte, mezcle la masa harina y el agua tibia o el consomé hasta incorporar los ingredientes. Vierta lentamente a la olla, moviendo hasta que la salsa espese a su preferencia. Si la salsa está un poco grumosa, licúe de nuevo hasta que quede fina; si está muy espesa, agregue más agua o más consomé.

7. Ponga otra vez la carne de venado a la olla y caliente por 5 minutos. Ajuste la sal. No mueva mucho el contenido para que la carne no se despedace. (Recuerde, no tire los espinazos . . .).

Para servir: Coloque el venado en pipián sobre un montículo de arroz blanco y póngale encima los tomates picados, las semillas de calabaza tostadas y las ramitas de epazote. Acompañe con tortillas de maíz.

Sah kol de venado

Venado en salsa blanca

Rinde para aproximadamente 6 personas

Ésta es una versión más exótica del sah kol de pavo (p. 75). Recuerde, la salsa blanca también se le llama "sah kol". Le recomiendo que haga el sah kol al mismo tiempo que cueza la carne de venado. De esa manera estará lista cuando sea el momento de servir el platillo.

Para preparar la carne

1. Añada el agua, la carne de venado, el ajo, el orégano, la sal, la pimienta y el cilantro a una olla y hierva. Saque la espuma que suba a la superficie con un cucharón y tírela. Baje la temperatura, cubra y cocine por 1-1 1/2 hora aproximadamente hasta que la carne esté suave y pueda partirse fácilmente.

2. Saque la carne de la olla y deje enfriar. Luego parta la carne en pedazos, sacándole los tendones.

Para preparar el sofrito (verduras salteadas)

1. Caliente el aceite en una sartén, añada los tomates, la cebolla, los pimientos verdes y rojos, y saltee a fuego medio alto por 5-7 minutos aproximadamente hasta que la cebolla quede translucida.

2. Añada los pedazos de carne al sofrito y mezcle bien.

Para servir con la salsa blanca

Para cada porción de sah kol de venado, vierta entre 1/4 a 1/3 de taza de sah kol (salsa blanca) en un tazón profundo o un tazón ancho para sopas. Coloque aproximadamente 1 taza de la mezcla de verduras y carne de venado encima. Acompañe con tortillas de maíz.

La carne

1/2 galón de agua

2 libra de arrachera de venado, en trozos

1 cabeza de ajo, asada

1/2 cucharadita de orégano seco

1 cucharada de sal

1/2 cucharadita de pimienta negra molida

2 ramitas de cilantro frescas

El sofrito

2 cucharadas de aceite vegetal

3 tomates roma, picados

1/2 cebolla blanca, picada

1/3 de pimiento verde, picado

1/3 de pimiento rojo, picado

La salsa blanca

2 tazas de sah kol (p. 17)

SALPICÓN DE VENADO

Rinde para aproximadamente 6 personas

INGREDIENTES

1/2 galón de agua

2 libras de arrachera o pecho de venado (ver notas)

1 cabeza de ajo, asado

1/2 cucharadita de orégano seco

1 cucharada de sal

1/2 cucharadita de pimienta negra molida

2 ramitas de cilantro fresco

1 receta de salpicón (p. 15)

GUARNICIONES

Chiltomate (p. 16)

Chiles habaneros, enteros (opcional)

Este platillo es básicamente el mismo que el salpicón de res (p. 100). Y exactamente como ese platillo, es mejor si se sirve y se come inmediatamente después de prepararlo. De hecho, haga el salpicón mientras la carne de venado se cuece o se esté enfriando. Luego estará listo para mezclar.

1. Vierta el agua en una olla grande y añada la carne de venado, el agua, el ajo, el orégano, la sal, la pimienta, el cilantro y deje hervir. Sáquele la espuma que suba a la superficie con un cucharón y tírela. Baje la temperatura, cubra por 1-1 1/2 hora aproximadamente y cueza hasta que la carne esté suave y pueda deshebrarse fácilmente.

2. Saque la carne de la olla y deje enfriar. Luego deshebre la carne finamente, quitándole los tendones.

3. En un tazón grande, añada la carne deshebrada y el salpicón. Mezcle hasta que se incorpore. Si es necesario, ajuste la sal.

Para servir: Lo puede servir en un tazón grande con el chiltomate y los chiles habaneros como guarniciones para que cada quien se sirva su porción de salpicón. Acompañe con frijoles colados y tortillas de maíz.

DEL LADO SALVAJE Las carnes de caza fueron parte de la dieta maya ya que no se dedicaban a la cría de animales en gran escala. Así que tomaban ventaja de lo que la naturaleza les ofrecía, incluido los venados, pecarís, armadillos, iguanas, pavos silvestres (domesticaban una variedad de éste) y otras aves silvestres, agutís, pacas, tortugas, etc. Los mayas también comían huevos de reptiles y aves salvajes. Y al igual que otras culturas aledañas, también comían perro (el *xoloitzcuintle*). Para más información sobre las carnes de casa, consulte el glosario.

CAPÍTULO 8

Pescados y mariscos

No sorprende que los yucatecos aprovechen las generosidades que el mar les ofrece. La particular ubicación de la península de Yucatán se encuentra donde el canal de Yucatán une el golfo de México con el mar Caribe. Los yucatecos definitivamente son afortunados por el fácil acceso que tienen durante todo el año a pescados y mariscos frescos.

En esta compilación de recetas, encontrará platillos que pueden ser muy buenos aperitivos pero también podrían ser ligeros platillos principales. Siempre busque pescados y mariscos que se encuentren lo más fresco posible. La segunda opción, por supuesto, sería congelado.

Una cápsula informativa: Se cree que la extinción de los dinosaurios haya ocurrido cerca de las costas de la península de Yucatán. Científicos encontraron el llamado cráter de Chicxulub (ver mapa en la página 189) y han descubierto evidencia de que es ahí donde cayó el meteorito que eventualmente acabó con el reinado de los dinosaurios.

Página opuesta: Tikin xic (p. 125) nadando en salsa de achiote para tikin xic (p. 16) y pico de gallo (p. 13) como guarnición.

Fotografías a la derecha, desde arriba: Las naranjas agrias y limas agrias; los manglares de la laguna Nichupte en Cancún, Quintana Roo; el Chef Cetina con una pesca fresca durante un reciente viaje a Yucatán.

Ceviche de Pescado

Rinde para aproximadamente 6-8 personas

Ingredientes

2 libras de huachinango (u otro pescado blanco firme y de sabor ligero, como el mero o halibut)

1/3 taza de jugo de limón

1 cucharada de sal

1 cucharadita de pimienta negra molida

4 tomates roma, sin semillas y sin pulpa, cortados en cubitos

1/2 cebolla roja, cortada en cubitos

1/2 atado de cilantro fresco, finamente picado (sin los tallos)

4 cucharadas de aceite de oliva

1 chile habanero, en rebanadas pequeñas (opcional)

Rodajas de limón

La esencia del mar se hace presente cada vez que prepara ceviche. El truco es comenzar con un pescado que esté lo más fresco posible y dejarlo marinar en jugo de limón. Recalcamos, el pescado fresco hace una gran diferencia. El ceviche puede ser servido como botana, aperitivo y hasta platillo principal.

1. Marine el pescado en un recipiente no reactivo en el jugo de limón, sal y pimienta. Cubra y refrigere por 3 horas o durante toda la noche.

2. Poco antes de servirlo, agregue la cebolla, el tomate, el cilantro y el aceite de olivo. Mezcle. Si gusta, añada el chile habanero.

Notas: Sin lugar a duda, los pescadores que navegan las costas de la península de Yucatán son los que comen el ceviche más fresco. Convenientemente, llevan todos los ingredientes necesarios para hacer ceviche en la lancha. Tienen acceso al ingrediente más importante, que es la pesca más fresca del día.

Consejo: Use una cuchara para remover las semillas y pulpa del interior del tomate.

Limón: Tesoro cítrico Es confuso tratar de figurar como llamarle a los limones. ¿Cuál es la diferencia entre el limón persa, el limón mexicano y el limón criollo? Para nuestros propósitos, lo haremos simple. El limón persa es el limón que se encuentra comúnmente en los supermercados en Estados Unidos. Algunos son importados de México y como resultado se les llama "limones mexicanos". Los limones criollos, también conocidos como limones mexicanos son más pequeños, tienen más semillas, son más ácidos y tienen un aroma más fuerte que el persa. Cambian su color verde a amarillo a medida que maduran. Dejaremos que otros debatan si el limón mexicano es realmente un tipo distinto de limón. También está la lima agria que es una fruta completamente distinta. Para más información, consulte el glosario.

Ensalada mixta de mariscos

Rinde para aproximadamente 6-8 personas

Ingredientes

1 libra de camarones cocidos, sin cola y partidos por la mitad a lo largo (los grandes tienen aproximadamente 23 camarones por libra)

1 libra de pulpo cocido, cortado en rebanadas

1 libra de calamar cocido, cortado en aros

1/3 taza de jugo de limón (5 o 6 limones)

1 cucharadita de sal

1 cucharadita de pimienta negra molida

3 tomates roma, sin semilla y sin pulpa, finamente picados

1 cebolla roja mediana, finamente picada

1/2 atado de cilantro fresco, finamente picado (sin tallos)

4 cucharadas de aceite de oliva

1 chile habanero, finamente picado (opcional)

Rodajas de limón

Esta ensalada de mariscos tipo ceviche es muy fácil de preparar. Notará que todo el marisco es cocido ya que tradicionalmente el ceviche de pescado (p. 114) es el único ceviche en él que se usa productos de mar crudos. Puede enfriar la ensalada mixta de mariscos antes de servir o comerlo inmediatamente después de mezclar los últimos ingredientes. Esta ensalada es muy buena botana, aperitivo o comida ligera. También es excelente para fiestas.

1. Ponga el camarón, el pulpo y el calamar ya cocidos y cortados en un tazón grande no reactivo, vierta el jugo de limón, la sal y la pimienta. Mezcle.

2. Agregue la cebolla, los tomates, el cilantro y el aceite de oliva. Si gusta, añada el chile habanero. Incorpore los ingredientes, póngale sal al gusto. Refrigere o cómalo inmediatamente después de incorporar los últimos ingredientes.

Para servir: Puede servir esta ensalada mixta de mariscos en un tazón grande o en porciones individuales. No se olvide de las tostaditas o galletas saladas y ponerle a la ensalada mixta de mariscos unas rodajas de limón.

Notas: Los callos de hacha son una muy buena adición a esta ensalada mixta. Si gusta agregarlos, use 12 onzas de cada uno de los mariscos: camarones, pulpo, calamar y callos de hacha cocidos. También podría usar caracol.

Consejo: Use una cuchara para remover las semillas y pulpa del interior del tomate.

Botanas: Pequeños bocadillos

Salir a botanear es uno de los pasatiempos favoritos en Yucatán. El cóctel de camarón, la ensalada mixta de mariscos, las calabacitas fritas, el xec y los papadzules (ver recetas) son populares botanas y perfectas para acompañar con una cerveza fría o con otra bebida refrescante. En Campeche, el cóctel de camarón (p. 120) se hace con camarón de pacotilla de la Laguna de Champotón que son camarones super chiquitos. Siempre me he preguntado como se pelan y desvenan estos camarones, o tal vez no lo hacen.

Página opuesta de izquierda a derecha: ensalada mixta de mariscos y coctel de camarones (p. 120).

Pulpo en su tinta

Rinde para aproximadamente 6-8 personas

Ingredientes

1/3 taza de aceite de olivo

2 tazas de tomates roma picados

1 cebolla blanca pequeña, picada

4 dientes de ajo, pelados y picados

1/2 pimiento verde, picado

1/2 pimiento rojo, picado

1 cucharadita de sal

2 libras de pulpo, cocido y rebanado

5 hojas de laurel

2 cucharadas de tinta de pulpo (deshiele si lo compró congelado) (ver notas)

1 taza de vino blanco seco

El jugo de un limón

Un gran aperitivo y mejor como entrada, el pulpo en su tinta es un extraordinario platillo. Su preparación es más fácil de lo que parece. Su resplandeciente salsa negra es tan peculiar como su fresco olor a mar. Empiece con pulpo fresco o congelado. Si compra pulpo crudo o congelado, asegúrese de cocerlo antes de preparar este platillo, con cuidado de no sobre cocerlo ya que tendrá una textura muy dura.

1. Caliente el aceite de olivo en una sartén. Añada la cebolla, los ajos, los tomates, los pimientos rojos y verdes, las hojas de laurel y la sal. Saltee de 6 a 8 minutos hasta cocer.

2. Agregue el pulpo y mueva.

3. Diluya la tinta del pulpo en el vino, vierta esta mezcla a la sartén con el pulpo y las verduras. Baje la flama y déjelo cocer a fuego medio por 15 minutos aproximadamente.

4. Antes de remover del fuego, añada el jugo de limón y ajuste la cantidad de sal si lo requiere.

Para servir: El pulpo en su tinta lo puede servir como aperitivo junto con galletas saladas o con tostaditas; como platillo principal sirva el pulpo con arroz blanco.

Notas: Encontrar tinta de pulpo puede ser un tanto difícil. Empiece preguntando en el supermercado de su localidad en la sección de mariscos o vaya a un mercado especializado en pescados y mariscos. A veces ciertas tiendas de especialidades, como por ejemplo italianas o españolas, manejan paquetes de tinta de pulpo. También podría sustituirla por tinta de calamar. Por cierto, un vino Sauvignon Blanc es una buena opción para esta receta.

CALAMARES EN ESCABECHE

CALAMAR CURTIDO

Rinde para aproximadamente 6-8 personas

Si se encuentra en una playa yucateca, puede ser que le ofrezcan tacos de calamares en escabeche o algún otro marisco en escabeche. Así como el pulpo en su tinta (p. 118), el calamar en escabeche es un muy buen aperitivo al igual que como entrada. Si recuerda del pollo en escabeche oriental (p. 66), este es un platillo "curtido".

PARA PREPARAR EL CONSOMÉ Y EL CALAMAR

1. Hierva el agua, añada el calamar y la sal, y deje hervir por unos 10 o 15 minutos hasta que el calamar tenga una textura suave.

2. Retire el calamar del agua y no tire el caldo.

3. Corte el calamar en aros de 1/4 de pulgada aproximadamente.

PREPARACIÓN DEL ESCABECHE

1. Mezcle el recado para escabeche con el vinagre en un tazón no reactivo. Agregue las cebollas, los chiles, el ajo, las hojas de laurel y el aceite. Mezcle bien.

2. Hierva 1/2 galón del caldo que reservo y añada el calamar y la mezcla del marinado de cebollas. Déjelo hervir por 5 minutos y ajuste la cantidad de sal si es necesario.

Para servir: Sirva en un platón con arroz blanco y tortillas de maíz.

Notas: Para variar el platillo, sustituya el calamar por pulpo, callos de hacha o pescado.

EL CALDO Y EL CALAMAR

1 galón de agua

5 libras de calamar (los cuerpos, no tanto los tentáculos)

1 cucharada de sal

EL ESCABECHE

1 cucharada de recado para escabeche (p. 13)

1/2 taza de vinagre blanco

3 cebollas rojas medianas, cortadas en octavos

1 cabeza de ajo entera, asada

6 chiles güeritos, asados

5 hojas de laurel

2 cucharadas de aceite de olivo

1/2 galón del caldo de calamar

CÓCTEL DE CAMARÓN

Rinde para aproximadamente 6-8 personas (foto en la página 117)

SALSA DE CÓCTEL

2 tazas de catsup

El jugo de 2 limones

El jugo de dos naranjas

1 cucharadita de pimienta negra molida

1 cucharadita de sal

2 cucharadas de aceite de oliva

1/2 lata (6-8 onzas) de soda de naranja

LOS CAMARONES

6 tazas de camarón cocido (más o menos 3 libras)

1/2 taza de cilantro, finamente picado

1/2 cebolla roja o blanca, finamente picada

1 chile habanero, picado (opcional)

Rodajas de limón

Éste es un clásico aperitivo en Yucatán, así como también una popular botana. Esta receta es muy fácil de preparar y es un éxito garantizado cada vez que lo haga. Sus invitados no podrán dejar de comerlo ni tampoco adivinarán el ingrediente secreto.

1. Mezcle todos los ingredientes de la salsa de cóctel—la catsup, el limón y el jugo de naranja, la sal, la pimienta, el aceite de olivo y la soda de naranja en un tazón.

2. Agregue el camarón a la salsa de cóctel, el cilantro, la cebolla y, si le gusta el picante, agregue el chile habanero. Incorpore los ingredientes.

3. Sirva inmediatamente o refrigere por un par de horas antes de comerlo.

Para servir: Saque sus copas de coctel favoritas (12-16 onzas) y sirva ahí el cóctel de camarón. Ponga unas rodajas de limón como decoración. Sirva con galletas saladas y/o tostadas. Esto probablemente no sea muy yucateco pero el apio picado va muy bien con el coctel de camarón. Y si se les pasó por alto, el ingrediente secreto es la soda de naranja.

Notas: A Kathy le gusta preparar este coctel para fiestas en su casa. Es delicioso y fácil de hacer.

CAMARONES: CRIATURAS DEL MAR Puede usar camarones frescos o congelados, a menos que se indique lo contrario. Si compra camarones congelados, asegúrese de que estén enteros y crudos; no pelados ni desvenados. Compre camarones de acuerdo a su tamaño. En Estados Unidos, los camarones con cáscara y sin cabeza, ya sean frescos o congelados, se venden por cantidad y se clasifican por peso y por tamaño. La cantidad representa el número de camarones en una libra para cada tamaño de camarón. Los camarones se etiquetan por nombre y cantidad. Por ejemplo, en la receta de los camarones empanizados (p. 121), pedimos camarones U15. Estos camarones son los llamados "colosal" que tienen un promedio de 14 a 15 camarones por libra. Puede comprarlos de tamaño de su preferencia, pero tenga en cuenta que los camarones grandes son mejores para freír o asar. Ajuste las recetas si es necesario.

Camarones empanizados

Rinde para aproximadamente 6-8 personas

Los camarones empanizados es un platillo popular en todas partes del mundo. Aunque marinar los camarones antes de empanizarlos le da un poco de acidez al platillo, dándole su toque yucateco.

1. Haga un marinado mezclando el jugo de los limones, el ajo, la sal y la pimienta en un recipiente no reactivo. Deje reposar los camarones en el marinado por 5-10 minutos. Drene, tire el marinado y seque los camarones con toallas de papel.

2. Pase ligeramente los camarones por la harina, luego páselos a los huevos batidos, y finalmente al pan molido, asegurándose de que los camarones estén bien empanizados. Póngalos en un plato.

3. Caliente el aceite en una sartén a fuego bajo o medio (no muy caliente). Fría los camarones por 2 minutos aproximadamente por cada lado hasta que doren. No los sobre cueza.

Para servir: Sirva con salsa tártara, pico de gallo y arroz blanco. Acompañe con tortillas de maíz, bolillos o pan de sándwich (ver glosario).

Ingredientes

Jugo de 2-3 limones

1 cucharadita de ajo, picado

1 cucharadita de sal

1 cucharadita de pimienta negra molida

2 libras de camarones ("colosal" o #U15, ver nota a la izquierda), pelados, desvenados y con cola, cortados en mariposa

1 taza de harina regular

2 huevos ligeramente batidos con 2 cucharadas de agua

2 tazas de pan molido (o Panco)

1/2 taza de aceite vegetal

Guarniciones

Salsa tártara (p. 17)

Pico de gallo (p. 13)

PAN DE CAZÓN

Rinde para 6 personas

INGREDIENTES

4 tazas de agua

3 libras de filete de huachinango (u otro pescado blanco firme y de sabor ligero)

1 cabeza de ajo, asado

1 ramita de cilantro

1 ramita de hierbabuena

1 pizca de orégano seco

1 cucharada de sal

1 cucharadita de pimienta negra molida

4 cucharadas de aceite vegetal

20 hojas frescas de epazote

3 tazas de salsa de tomate (p. 15) (divididas)

1 taza de frijoles colados (p. 144)

24 tortillas de maíz (o tortillas para panuchos, p. 20)

3 cucharadas de sofrito de tomate (p. 15)

6 chiles habaneros, asados (opcional)

Este platillo es una torre hecha con tortillas; cada porción es una torre de cuatro tortillas. Como un toque especial, use las tortillas preparadas para panuchos (p. 20) en lugar de tortillas regulares. En Yucatán, específicamente en Campeche de donde es originario este platillo, utilizan el cazón. Pero ya que es un pescado muy difícil de encontrar, muchas veces se sustituye por otro pescado. De cualquier manera así como muchos platillos que llevan en su nombre la palabra "cazón", si se usa otro pescado como sustituto se le mantiene el mismo nombre al platillo. Ver notas abajo y glosario.

1. Hierva el agua en una olla. Añada el pescado, el ajo, el cilantro, la hierbabuena, el orégano, la sal y la pimienta y cueza por 15 minutos o hasta que el pescado se desbarate fácilmente. Saque el pescado, deje enfriar y desmenuce. (Tire el caldo o refrigere para otros propósitos).

2. Caliente aceite en una sartén y saltee el epazote hasta que las hojas suelten su fragancia.

3. Añada el pescado y sofría hasta que se caliente. Vierta una taza de salsa de tomate y cocine por 15 minutos.

Para ensamblar el pan de cazón: Tome una tortilla caliente, extienda una capa de frijoles colados sobre la tortilla y ponga encima dos cucharadas del pescado aproximadamente. Repita este paso dos veces más formando la torre. Ponga la cuarta y última tortilla y vierta encima la salsa de tomate. Como último paso, ponga un poco de sofrito de tomate y un chile habanero asado encima de la torre.

Notas: En algunas partes del mundo el cazón, un tipo de tiburón, es una especie que ha sido pescada de manera abusiva así que es considerado una especie en peligro de extinción. De cualquier forma, hay muchos buenos sustitutos. Consulte el recuadro inferior y el glosario para más información.

CAZÓN: PESCAR O NO PESCAR El cazón es un tipo de tiburón. En algunas partes del mundo se considera una especie amenazada y vulnerable. Es muy difícil de conseguir, pero puede utilizar muchos pescados blancos o hasta atún enlatado como sustitutos. El término "cazón" es usado en algunas de las recetas como chile x'catic relleno de cazón (p. 25), empanadas de cazón (p. 23) y pan de cazón (esta página), pero aún sustituyendo el cazón por otro pescado se le mantiene el nombre por que son platillos muy tradicionales y esos nombres son como mejor se les conoce. Consulte el glosario para más información sobre el cazón.

Pescado empanizado

Rinde para aproximadamente 6-8 personas

Ingredientes

El jugo de 2-3 limones

1 cucharadita de ajo picado

1 cucharadita de sal

1 cucharadita de pimienta negra molida

6-8 filetes de huachinango (u otro pescado blanco firme y de sabor ligero) de aproximadamente 3 onzas cada uno

1 taza de harina regular

2 huevos ligeramente batidos con 2 cucharadas de agua

2 tazas de pan molido

1/2 taza de aceite vegetal

Guarniciones

Salsa tártara (p. 17)

Pico de gallo (p. 13)

Éste es otro platillo de pescado que es muy popular en muchas partes del mundo. Pero al igual que con los camarones empanizados (p. 121), los yucatecos le damos un toque de acidez marinando el pescado en jugo de limón antes de empanizarlos. Es también un platillo flexible. Se puede usar casi cualquier pescado blanco que sea firme.

1. Haga el marinado mezclando el jugo de limón, el ajo, la sal y la pimienta en un recipiente no reactivo. Marine los filetes de pescado en esta mezcla por 5-10 minutos. Drene y seque el pescado con toallas de papel. Tire el marinado.

2. Pase cada filete por la harina, luego por los huevos batidos y finalmente por el pan molido.

3. Caliente el aceite en una sartén a temperatura media (no muy caliente). Fría los filetes alrededor de 2 minutos por cada lado hasta que doren. No los sobre cueza.

Para servir: Servir con salsa tártara, pico de gallo y arroz blanco. Acompañe con tortillas de maíz, bolillos o pan de sándwich (ver glosario).

Una cucharada de salsa tártara (p. 17) es muy buen complemento para el pescado empanizado, aunque tal vez dos sean mejor.

Tikin Xic
Pescado Asado al carbón

Rinde para aproximadamente 6-8 personas (foto en la página 112)

Así como con el ceviche, los pescadores de Yucatán eran expertos en la preparación del tikin xic. Si no podían regresar a casa después de pescar, acampaban en alguna playa y preparaban este platillo para comer. Es parecido a la manera tradicional de preparar la cochinita pibil (p. 83). Ellos cavaban su propia fosa en la arena, haciendo una base de piedra y cubriéndolas con madera o carbón. Cuando ya estuviera caliente, tapaban el hoyo con ramas de palmas y finalmente con las hojas de palmeras. Ponían el pescado directamente sobre las hojas o lo envolvían primero en hojas de plátano. "Tikin xic" quiere decir "ala seca" ya que hace muchos años usaban aletas de tiburón para este platillo. Desafortunadamente, recuerdo en una ocasión presenciar que le cortaran la aleta a un tiburón y el resto del cuerpo lo tiraron de nuevo al mar. En esta receta se sustituye la aleta de tiburón por un pescado blanco con una textura firme y de sabor ligero. Este platillo es originario de Playa Lancheros, una atracción turista en Isla Mujeres a las afueras de las costas de Quintana Roo donde el tikin xic es un plato que se come regularmente. Al regresar a la playa después de los viajes de pesca, los pescados de los turistas son preparados en tikin xic para su deleite.

1. Haga un marinado mezclando recado rojo en el jugo de limón y la sal en un recipiente no reactivo. Añada el pescado y marine por no más de 30 minutos.

2. Caliente el aceite vegetal en una sartén a temperatura media o media alta. Ponga los filetes y fría por 2 minutos de cada lado, asegurándose que obtenga un color café para asegurarse de que el recado rojo esté "quemadito" y así realzar el sabor del achiote.

Para servir: Extienda un par de cucharadas (o más) de la salsa de achiote para tikin xic en el plato. Ponga una cama de arroz blanco en el centro del plato, y coloque el filete sobre el arroz. Decore el pescado con pico de gallo y acompañe con tortillas de maíz.

Ingredientes

1 1/2 cucharadas (1 onza) de recado rojo (p. 12)

El jugo de 2-4 limones

1 cucharada de sal

6-8 filetes de huachinango (u otro pescado blanco, firme y de sabor ligero) de aproximadamente 8 onzas cada uno

4 cucharadas de aceite vegetal

Guarniciones

Salsa de achiote para tikin xic (p. 16)

Pico de gallo (p. 13)

CAPÍTULO 9

TAMALES

La comida envuelta en hojas y cocida es una vieja tradición en todo el mundo. Los antiguos y nuevos cocineros han alcanzado un gran nivel culinario usando esta técnica para hacer tamales. Son comidos en todo México y cada región tiene su propia versión de deliciosa masa de maíz envuelta en hojas de elote, hojas de plátanos, hoja santa, hojas de aguacate y hasta de la capa interior de la hoja de maguey (pencas de maguey). La mayoría contienen rellenos—salados o dulces—pero no todos.

Yucatán posee sus propios tamales regionales. Ahí se opta por la hoja de plátano como envoltura, y la preparación de la masa y rellenos son un sello de la región.

Lo primero que usted notará si está familiarizado con los tamales o es un experto en elaboración de éstos, es que la masa de elección no es la masa para tamales sino la masa de maíz *para tortillas*. Esta elección provee una masa ligera y húmeda.

El mejor lugar para conseguir masa es en la tortillería, donde muelen y preparan la masa para diferentes usos. Las tortillerías están casi por todos lados. En ocasiones puede encontrar masa en la sección de embutidos en los supermercados. O puede comprar masa harina y seguir las instrucciones de la bolsa para hacer masa. Solo recuerde preguntar por o hacer masa para tortillas, no masa para tamales ni masa preparada para tamales.

Entre la compilación de recetas de tamales que aquí les proporcionamos, se encuentra el peculiar tamal colado (p. 134) y el brazo de reina (p. 136). Y también el mucbi pollo (p. 139) que es un tamal hecho en un recipiente tipo cacerola que se usa para celebrar el Hanal Pixan o Día de los Muertos. ("Hanal Pixan" quiere decir "comida para las almas" o "comida de las ánimas").

Página opuesta de izquierda a derecha: Vaporcitos de pollo (p. 129), vaporcitos vegetarianos y vaporcitos de cochinita pibil.

A la derecha, desde arriba: Una pila de hojas de plátano frescas, una tortillería haciendo buen negocio, y desgranando frijol espelón.

ALTO: ¡LÉEME PRIMERO!

NOTAS

- Las cucharas de helado son herramientas de cocina muy útiles para hacer tamales de tamaño uniforme.

- Yo prefiero cocer los tamales en vaporeras rectangulares en lugar de la vaporera tradicional o tamalera redonda (ver herramientas). Es muy fácil que los tamales se sobre cuezan cuando los pone en una vaporera tradicional ya que necesariamente tiene que acomodar los tamales en varias capas. El cocer los tamales en una vaporera rectangular y con una sola capa de tamales da como resultado tamales más suaves.

- Si pone los tamales en capas dentro de la vaporera tradicional, necesitarán de más tiempo de cocimiento.

- Note como la hoja de plátano cambia de verde a un marrón oliva al cocerse.

Antes de que haga cualquiera de los tamales que aquí les presentaremos, aprenda un poco sobre las hojas de plátano y el como rellenar y plegar los tamales antes de cocerlos al vapor.

Conociendo su hoja de plátano

Para envolver sus tamales, puede usar hojas de plátanos frescas o congeladas. Las hojas congeladas solo requieren de descongelarlas antes de usar y son más fáciles de encontrar. Las hojas frescas necesitan prepararse ya sea pasándolas rápidamente sobre una flama (no las queme) o escaldarlas en agua hirviendo por unos segundos (vea técnicas).

Note la dirección en la que corren las franjas para que cuando tenga que cortar las hojas en las dimensiones indicadas, las franjas corran horizontalmente o a lo largo. También note que un lado de la hoja es lisa y que del otro lado se pueden sentir los surcos de las franjas. El relleno de los tamales se debe poner en el lado liso. Así que, la parte lisa arriba y la aspera abajo con las franjas horizontales. Finalmente, retire el tallo grueso de en medio (que usualmente está a lo largo del extremo de una hoja) antes de usarla. Puede cortar las hojas con unas tijeras o con un cuchillo filoso.

Curso básico para envolver tamales

Siga estas sencillas instrucciones para envolver sus tamales en hojas de plátano. De lo que necesita percatarse es del tamaño de las hojas que se requieren, cuanta masa se necesita y si el tamal tiene relleno o no. El brazo de reina se envuelve de diferente manera, por lo tanto tiene sus propias instrucciones y el tamal horneado es el único tamal que se cuece en el horno.

a. Hoja de plátano: Corte las hojas de plátano en rectángulos grandes a la medida indicada, las franjas deben de correr a lo largo.

b. Masa: Ponga la hoja de plátano en la prensa de tortilla, el lado liso arriba y el lado aspero abajo. Coloque la cantidad de masa pedida (las cucharas de helado son para que tenga tamales de tamaño uniforme) en el centro de la hoja de plátano y ponga encima un pedazo cuadrado de plástico adherente. Cierre presionando la prensa para formar una "tortilla" del tamaño que se le indique. Abra la prensa y retire el plástico. Si no tiene una prensa de tortilla, use un molde para pastel o una sartén.

c: Relleno: Para los tamales que llevan relleno, póngale la cantidad de relleno requerido en el centro de la "tortilla".

d: Para envolver: Levante uno de los extremos largos de la hoja de plátano junto con la "tortilla" y doble 1/3 de la masa y la hoja hacia adentro y sobre el relleno. Con mucho cuidado, pele hacia atrás la hoja de plátano dejando solo la porción de la "tortilla" sobre el relleno. Luego lleve hacia adentro el otro extremo de la hoja de plátano y "tortilla", dejando el doblez con la hoja de plátano para que de esa manera se cierre y el relleno quede cubierto. (Ninguna parte de la hoja se debe plegar dentro del tamal). Levante otra vez el primer extremo de la hoja y déjela doblada para completar el envoltorio. Luego levante el tamal por los dos extremos y dóblelos hacia adentro para formar un "paquete" rectangular. (Vea las fotografías ❸ y ❹ de la página 137).

VAPORCITO DE POLLO
TAMALES DE POLLO ENVUELTOS EN HOJAS DE PLÁTANOS

Hace aproximadamente 15 tamales (foto en la página 126)

Estos populares tamales son muy comunes por todo Yucatán. Recuerde usar masa para tortillas y no masa para tamales. En referencia a la manteca, encuentre manteca de buena calidad, no la dura y blanca que venden en los supermercados. Ese tipo de manteca es parcialmente hidrogenada para prolongar su vida en los estantes y no sabe tan bien como la manteca cremosa y dorada que venden en los supermercados latinos o con su carnicero. Note por favor que el caldo de pollo (p. 48) que resulta del cocimiento del pollo es el caldo que puede usar para hacer la salsa de achiote para tamales (p. 16).

MASA PARA VAPORCITO (Y PARA OTROS TAMALES)

2 libras de masa de maíz para tortillas

10 onzas de manteca

1/2 cucharadita de sal

Agua

1. Mezcle la masa con la manteca, la sal y suficiente agua para hacer una masa que sea ligera, suave y maleable. No querrá una masa aguada. Cubra con plástico adherente o con una toalla de tela húmeda para que la masa no se seque. Deje a un lado.

EL RELLENO DE CARNE (SI ES POSIBLE HÁGALO ANTICIPADAMENTE)

1 receta de caldo de pollo (p. 48)

1 receta de salsa de achiote para tamales (p. 16)

1. Haga el caldo de pollo como indique las instrucciones de la receta.

2. Cuele el caldo y guárdelo para hacer la salsa de achiote para tamales.

3. Cuando el pollo esté lo suficientemente frio como para manejar, deshebre a mano—no lo pique con un cuchillo. La carne no debe tener las hebras muy finas.

4. Haga la salsa de achiote usando el caldo de pollo como lo indique la receta.

5. Mezcle el pollo deshebrado con la salsa de achiote para tamales.

TAMBIÉN TENGA LISTO

Las hojas de plátano frescas preparadas o descongeladas si son de bolsa (ver glosario y técnicas).

1 receta de masa para vaporcito (como se pide arriba)

Relleno de pollo (como se pide arriba)

Ahora si, ya puede ensamblar sus tamales . . . (tome de referencia la columna a su derecha).

PARA ENSAMBLAR LOS TAMALES

Siga las instrucciones del "Curso Básico Para Envolver Tamales" para la (a.) hoja de plátano, (b.) masa, (c.) relleno y (d.) para envolver, usando las especificaciones indicadas:

1./a. Hoja de plátano: Corte las hojas de plátano en rectángulos de 12 x 8 pulgadas.

2./b. Masa: Ponga aproximadamente 2 1/2 onzas de la masa (o use una cuchara de helado #20) en el centro de la hoja de plátano y presione para formar una "tortilla" de 6 a 8 pulgadas. (No olvide cubrir la masa con un pedazo de plástino adherente).

3./c. Relleno: Ponga aproximadamente 2 cucharadas (más o menos 2 onzas) del pollo con la salsa en el centro de la "tortilla." (Pruebe otros rellenos, como la cochinita pibil, p. 83, como se muestra en la foto de la página 126).

4./d. Para envolver: Envuelva el tamal como se indica en el curso básico.

5. Ponga los tamales en una sola capa dentro de una vaporera rectangular. Cubra con papel aluminio. Ponga la vaporera sobre los quemadores de la estufa y cueza al vapor por 30 minutos aproximadamente o hasta que la hoja de plátano se pueda separar fácilmente de la masa. Déjelos reposar de 10 a 15 minutos antes de comerlos.

Vaporcito de espelón

Hace aproximadamente 15 tamales (foto a la derecha)

El espelón es un frijol que se usa en todo Yucatán. Es también conocido como frijol tierno. Lo encontrará en los mercados de Yucatán donde, ahí mismo, los vendedores desgranan y empacan los frijoles (vea la foto en la página 127). Aunque los espelones son difíciles de conseguir de este lado de la frontera, podría usar como sustitutos los frijoles de carita.

La masa

1 receta de masa para vaporcito (p. 129) (con manteca o aceite de maíz, ver notas)

1 libra de espelón (o frijoles de carita, cocidos)

1. Haga la masa como indican las instrucciones del vaporcito de pollo.

2. Añada los espelones y mezcle bien.

También tenga listo

Las hojas de plátano, frescas preparadas o descongeladas si son de bolsa (ver glosario y técnicas).

1 receta de sofrito de tomate (p. 15)

Ahora sí, ya puede ensamblar sus tamales (consulte la columna de la derecha).

Vaporcito de chaya

Hace aproximadamente 15 tamales (foto a la derecha; sin y con relleno)

Para este punto ya debe estar familiarizado con la chaya, ya que es protagonista en las recetas de huevos con chaya (p. 38) y crema de chaya (p. 49). (Consulte el glosario para más información). Pero como recordatorio, la chaya se usa tan seguido como se usa la espinaca. En esta receta, la chaya jaspea la masa de un color verde oscuro y le da un sabor muy fresco al tamal.

La masa

1 receta de masa para vaporcito (p. 129) (con manteca o aceite de maíz, ver notas)

2 tazas de hojas de chaya picadas (o espinacas), frescas o descongeladas y drenadas si son de bolsa.

1. Haga la masa como indican las instrucciones para los vaporcitos de pollo.

2. Añada la chaya (o espinaca) y mezcle bien.

También tenga listo

Las hojas de plátano, frescas preparadas o descongeladas si son de bolsa (ver glosario y técnicas).

1 receta de sofrito de tomate (p. 15)

Ahora sí, ya puede ensamblar sus tamales (consulte la columna de la derecha).

Para ensamblar los tamales

Siga las instrucciones del "Curso Básico Para Envolver Tamales" para la (a.) hoja de plátano, (b.) masa, (c.) relleno y (d.) para envolver, usando las especificaciones indicadas:

1./a. Hoja de plátano: Corte las hojas de plátano en rectángulos de 12 x 8 pulgadas.

2./b. Masa: Ponga aproximadamente 2 1/2 onzas de la masa (o use una cuchara de helado #20) en el centro de la hoja de plátano y presione para formar una "tortilla" de 6 a 8 pulgadas. (No olvide cubrir la masa con un pedazo de plástino adherente).

(c. Relleno: Estos tamales no llevan relleno. Sin embargo, como una opción podría usar carne como relleno de cualquier tamal. Ver las notas abajo).

3./d. Para envolver: Envuelva el tamal como se indica en el curso básico.

4. Ponga los tamales en una sola capa dentro de una vaporera rectangular. Cubra con papel aluminio, ponga la vaporera sobre los quemadores de la estufa y cueza al vapor por 30 minutos aproximadamente o hasta que la hoja de plátano se pueda separar fácilmente de la masa. Déjelos reposar de 10 a 15 minutos antes de comerlos.

Notas: Para hacer vegetarianos cualquiera de estos tamales, use 10 onzas de aceite vegetal en lugar de la manteca que se pide en la preparación de masa para vaporcito (p. 129).

Más notas: Si le gusta que sus tamales estén rellenos de carne, puede preparar el mismo relleno que se emplea con los vaporcitos de pollo (p. 129) o puede usar cochinita pibil (p. 83) como relleno.

Tamal horneado

Hace aproximadamente 12 tamales

Estos tamales extra grandes hacen una comida sustanciosa—solo necesita de uno. Son muy crujientes por fuera ya que son horneados, no como los tamales regulares. Se cocían estilo "pibil", como tal vez lo cocinaban los mayas en tiempos precolombinos. Para hacerlos, necesita referirse a otras recetas del libro como se indica. Si ya ha hecho vaporcitos de pollo (p. 129), estos tamales le resultarán familiares. No se olvide de mezclar el aceite de achiote (p. 139) para pintar la masa. Este tamal también se puede rellenar con carne de puerco o venado.

El relleno de la carne (si es posible, hágalo anticipadamente)

   1 receta de caldo de pollo (p. 48)

   1 receta de salsa de achiote para tamales (p. 16)

1. Haga el caldo de pollo como se indica en la receta.

2. Cuele el caldo, y guárdelo para hacer la salsa de achiote para tamales.

3. Cuando el pollo esté lo suficientemente frio para manejar, deshebre el pollo a mano—no lo pique con un cuchillo. La carne no debe tener las hebras muy finas.

4. Haga la salsa de achiote para tamales como se indica, usando el caldo de pollo que guardó.

5. Mezcle el pollo deshebrado con la salsa de achiote para tamales.

También tenga listo

   Las hojas de plátano, frescas preparadas o descongeladas si son de bolsa (ver glosario y técnicas)

   2 1/2 recetas de masa para vaporcito (p. 129) mezcladas con 2 recetas de aceite de achiote (p. 139)

   Relleno de pollo (como se indica arriba)

   6-7 huevos cocidos, rebanados

   3-4 tomates roma, finamente rebanados

   24-30 hojas frescas de epazote

Ahora sí, ya puede ensamblar sus tamales. Consulte la columna de la derecha.

Para ensamblar los tamales

Siga las instrucciones del "Curso Básico Para Envolver Tamales" para la (a.) hoja de plátano, (b.) masa, (c.) relleno y (d.) para envolver, usando las especificaciones indicadas:

1./a. Hoja de plátano: Corte las hojas de plátano en rectángulos de 12 x 10 pulgadas.

2./b. Masa: Ponga aproximadamente 6 onzas de la masa (o use una cuchara de helado #5) en el centro de la hoja de plátano y presione para formar una "tortilla" de 10 pulgadas. (No olvide pintar la masa con aceite de achiote, p. 139, ni cubrir la masa con un pedazo de plástino adherente).

3./c. Relleno: Ponga en el centro de la "tortilla" 3 cucharadas aproximadamente (más o menos 3 onzas) del relleno de pollo, 2-3 rebanadas de huevo duro, 2-3 rebanadas de tomate y 2-3 hojas frescas de epazote.

4./d. Para envolver: Envuelva el tamal como se indica en el curso básico.

5. Ponga los tamales en un recipiente para hornear y meta al horno a 500°F por 1 1/2 hora. El tamal debe de estar bien cocido—tostado y crujiente. Las hojas de plátano también deben tener una textura crujiente.

Masa de maíz El tipo de masa de maíz que se usa en Yucatán es la masa de maíz para tortillas. Puede comprarse en la tortillería (donde se hace masa y tortillas frescas). Si prefiere, puede hacer su propia masa de masa harina (harina de maíz), la cual puede conseguir en la mayoría de los supermercados. Para hacer la masa, solo siga las direcciones del paquete para hacer tortillas. Dos tazas de masa harina (a la cual le tiene que añadir agua y sal) le dará aproximadamente una libra de masa. Luego añada los ingredientes que le pida una receta, ya sea de salbutes o tamales. (Consulte masa de maíz y masa harina en el glosario; y consulte en herramientas la prensa de tortillas.)

Tamal colado de pollo

Hace aproximadamente 30-35 tamales

Para ensamblar los tamales

Siga las instrucciones del "Curso Básico Para Envolver Tamales" para la (a.) hoja de plátano, (b.) masa, (c.) relleno y (d.) para envolver, usando las especificaciones indicadas:

1./a. Hoja de plátano: Corte las hojas de plátano en rectángulos de 12 x 10 pulgadas.

2./b. Masa: Ponga aproximadamente 5 onzas de la masa (o use una cuchara de helado #8) en el centro de la hoja de plátano y presione para formar una "tortilla" de 6-8 pulgadas. La masa se empezará a extender rápido, así que pase de inmediato a rellenar.

3./c. Relleno: Ponga en el centro de la "tortilla" 2 cucharadas aproximadamente (más o menos 2 onzas) del relleno de pollo.

4./d. Para envolver: Envuelva el tamal como se indica en el curso básico.

4. Ponga los tamales en una sola capa dentro de una vaporera rectangular. Cubra con papel aluminio, ponga la vaporera sobre los quemadores de la estufa y cueza al vapor por 25-30 minutos aproximadamente o hasta que la hoja de plátano se pueda separar fácilmente de la masa. Déjelos reposar de 10 a 15 minutos antes de comerlos.

Para servir: Puede acompañar el suave tamal colado con chocolate caliente o atole.

Notas: Si no ha hecho antes vaporcitos de pollo (p. 129), asegúrese de leer primero cuidadosamente la receta, ya que muchos pasos son los mismos.

Estos tamales son muy especiales. Lo notará por su ligereza. El reto es perfeccionar la técnica requerida para hacer la masa translúcida. Ni a mi me queda tan ligera y gelatinosa como la de los tamales colados de mi madre. Note que necesita el mismo relleno que se usa en él de vaporcito de pollo (p. 129). Podría usar rellenos alternativos como puerco y venado.

El relleno de carne (si es posible hágalo anticipadamente)

2 recetas de caldo de pollo (p. 48)

1 receta de salsa de achiote para tamales (p. 16)

1. Haga el caldo de pollo como se indica en la receta, asegurándose de aumentar los ingredientes.

2. Cuele el caldo y guárdelo para hacer la salsa de achiote para tamales y para agregar a la masa.

3. Cuando el pollo esté lo suficientemente frio para manejar, deshebre a mano—no lo pique con un cuchillo. Las hebras de carne no deben de ser muy finas.

4. Haga la salsa de achiote para tamales como se indique, usando el caldo que guardó.

5 Mezcle el pollo deshebrado con la salsa de achiote para tamales.

Para preparar la masa

1 galón de caldo de pollo (del que le queda de la preparación del caldo de pollo, ver arriba)

4 libras de masa para tortillas

1/2 taza de manteca

Sal, si es necesaria

1. Mezcle en una licuadora el galón del caldo de pollo con la masa. Hágalo por partes de aproximadamente 4 tazas de caldo con dos puñados de masa.

2. Cuele cada parte que licuó a una olla grande con una tela de queso o un colador muy fino—mientras más fino esté, mejor. Obtendrá una mezcla muy aguada—como una horchata o un atole aguado.

3. Vierta la manteca y mueva hasta que la manteca esté completamente incorporada.

4. Con un cucharón de madera, mueva la masa colada y licuada a fuego medio. Cuando empiece a espesar, baje la flama y, como si estuviera haciendo polenta, continúe moviendo la mezcla para que no se pegue a la base de la olla. Cocine por 15-20 minutos o hasta que el cucharón se quede parado por sí solo cuando lo meta a la masa.

5. Si es necesario, ajuste la sal.

6. Retire del fuego, pero mantenga la masa tibia.

TAMBIÉN TENGA LISTO

Las hojas de plátano, frescas preparadas o descongeladas si son de bolsa (ver glosario y técnicas).

Masa preparada (como se indica anteriormente)

Relleno de pollo (como se indica anteriormente)

Ahora sí, ya puede ensamblar sus tamales. Consulte la columna de la izquierda.

Brazo de reina

Hace aproximadamente 12 tamales

Ingredientes

2 recetas de masa para vaporcito (4 libras de masa aproximadamente) (p. 129)

2 tazas de hojas de chaya (ver el recuadro de abajo) o de espinaca, frescas o descongeladas y drenadas si son de bolsa (ver glosario), picadas

20 huevos duros, picados

2 tazas de semillas de calabaza tostadas sin cáscara molidas (p. 17)

Hojas de plátano, frescas preparadas o descongeladas si son de bolsa (ver el glosario y técnicas)

Guarniciones

Salsa de tomate (p. 15)

Semillas de calabaza tostadas con o sin cáscara

Chaya: verde frondoso
También conocido como árbol de espinaca, la chaya (*Cnidoscolus aconitifolius*) es un arbusto perenne, nativo de la península de Yucatán. El arbusto puede crecer muy rápido y produce hojas que emanan una resina lechosa al cortarlas. Es popular en la cocina mexicana y centroamericana. Las hojas deben cocerse antes de comerlas, ya que las hojas crudas pueden ser tóxicas. La chaya es una buena fuente de proteínas, vitaminas, hierro, calcio y antioxidantes. Si en una receta se pide la chaya como ingrediente, la puede sustituir con espinaca fresca o congelada. (Ver glosario).

Estos tamales de peculiar nombre son exclusivos de Yucatán y se remontan a tiempos precolombinos. Algunos murales mayas hacen referencia a tamales que eran rellenos, envueltos y rebanados. Y ya que el maíz y las semillas de calabaza fueron parte de la dieta maya, nadie podría discutir que fueron ellos los primeros en hacer este tipo de tamales hace mucho tiempo. A los vegetarianos les encantan estos tamales, y es el tamal más solicitado como aperitivos en nuestro servicio de banquetes. Su nombre tal vez hace referencia en parte a la forma del tamal, pero ¿quién fue la reina?

1. Mezcle la masa con la chaya (o espinaca) hasta que se incorporen los ingredientes.

2. Corte las hojas de plátano en rectángulos de 12 x 10 pulgadas, las franjas deben de correr a lo largo.

3. Ponga aproximadamente 6 onzas de la masa (o use una cuchara de helado #5) en el centro de la hoja de plátano (recuerde que la parte lisa de la hoja debe estar arriba y la parte aspera abajo). Use sus dedos y presione formando una "tortilla" de 8 pulgadas. ❶

4. Eche 2 cucharadas aproximadamente de semillas de calabaza molidas sobre la "tortilla". Luego ponga aproximadamente 2 cucharadas de huevos duros picados hasta el tercio inferior de la "tortilla". ❷

5. Para hacer el rollo de tamal, primero levante uno de los extremos largos de la hoja de plátano junto con la "tortilla" y doble 1/4 a 1/3 de la masa y la hoja hacia adentro y sobre el relleno. Con mucho cuidado, pele hacia atrás la hoja de plátano dejando solo la porción de la "tortilla" sobre el relleno. Luego, levante el mismo lado de la hoja y enrolle el resto del tamal. ❸ Básicamente estará creando un espiral. Tenga cuidado de no envolver la hoja de plátano en el rollo de tamal.

6. Levante otra vez el primer extremo de la hoja y déjela doblada, luego levante el segundo extremo y doble hacia adentro para completar el envoltorio. Luego levante el tamal por los dos extremos y dóblelos hacia adentro. ❹

7. Ponga los tamales en una sola capa dentro de una vaporera rectangular. Cubra con papel aluminio, ponga la vaporera sobre los quemadores de la estufa y cueza al vapor de 25-30 minutos aproximadamente o hasta que la hoja de plátano se pueda separar fácilmente de la masa. Déjelos reposar de 10 a 15 minutos. (Si pone dos o más niveles de tamales en la vaporera, tal vez necesitarán de más tiempo de cocimiento).

8. Retire la hoja de plátano y corte el tamal en 8 rebanadas a lo ancho del tamal para revelar el espiral con relleno.

Para servir: Coloque las rebanadas del tamal en un plato y vierta la salsa de tomate encima, decore con las semillas de calabazas.

Página opuesta: Brazo de reina y como hacer el rollo:

❶

❷

❸

❹

Mucbi pollo

Rinde para aproximadamente 6-8 personas

Éste es un platillo que se hace en Yucatán para las celebraciones del Hanal Pixan o Día de los Muertos. Esta festividad que se celebra el 2 de Noviembre es un homenaje a los miembros de las familias y amigos que han muerto, y donde algunos creen que el espíritu de sus difuntos regresan a la tierra por un día. El mucbi pollo es una ofrenda para ellos. ¿Cómo empezó esta tradición? Los mayas en los tiempos precolombinos creían que cuando una persona moría, su espíritu abandonaba el cuerpo hasta después de 7 días. Para ayudar a los difuntos en su recorrido, los mayas ponían una mazorca en la boca de sus muertos para su sustento. Al pasar el tiempo, la mazorca se sustituyó por una bola de masa.

Para hacer el relleno de carne (si es posible, hágalo anticipadamente)

1. Haga el caldo de pollo como se indica en la receta (p. 48).

2. Cuele el caldo y guárdelo para hacer la salsa de achiote para tamales.

3. Cuando el pollo esté suficientemente frio para manejar, deshebre la carne a mano—no la pique con cuchillo. Las hebras no deben ser muy finas.

4. Haga la salsa de achiote para tamales (p. 16) como se indique, usando el caldo que guardó.

Para ensamblar el mucbi pollo

1. Caliente el horno a 500°F.

2. Cubra un recipiente para hornear de 12 x 10 pulgadas con hojas de plátano que estén lo suficientemente largas para que pueda envolver y cubrir el mucbi pollo una vez que lo rellene.

3. Mezcle el aceite de achiote (ver la receta al lado) con la masa para pintar la masa.

4. Tome 1 1/2 libras de la masa, póngala sobre el recipiente cubierto de hojas de plátano y extienda la masa sobre toda la base y lados del recipiente con los dedos.

5. Extienda el relleno (pollo deshebrado con la salsa) sobre la masa del recipiente.

6. Ponga una capa de tomates rebanados, una capa de huevos cocidos y una capa de hojas de epazote. Si gusta, añada el chile habanero.

7. Tome 1/2 libra de la masa que le sobró, póngala entre 2 piezas de plástico adherente, extienda la masa formando un rectángulo de 12 x 10 pulgadas. Retire el plástico superior y, con cuidado, voltee la masa sobre el recipiente para hornear. Retire el pedazo de plástico de la masa y selle completamente las orillas de la masa.

8. Ponga una hoja de plátano encima del "tamal" y doble hacia adentro los extremos de las hojas que dejó por fuera cuando lo cubrió de hojas al inicio. Las hojas deben de cubrir el "tamal" en su totalidad.

9. Hornee el mucbi pollo a 500°F por 2 horas o hasta que la parte de arriba y las orillas queden tostadas y crujientes. Déjelo reposar de 10 a 15 minutos antes de servirlo.

Para ensamblar el mucbi pollo

Hojas de plátano frescas preparadas o descongeladas si son de bolsa (ver glosario y técnicas)

1 receta de masa para vaporcito (dividida) (p. 129)

1 receta de aceite de achiote (ver receta abajo)

Relleno, como se indica arriba y a la izquierda

1-2 tomates roma, rebanados

2-3 huevos cocidos, rebanados

10-15 hojas frescas de epazote

1 chile habanero, rebanado (opcional)

Aceite de achiote*

2 onzas (1/3 taza) de semillas de achiote

1/3 taza de aceite (o manteca de cerdo)

1. Caliente el aceite (o la manteca) en una sartén a fuego bajo y agregue las semillas de achiote.

2. Mueva las semillas con una espátula hasta que suelten su color, aproximadamente por 10 minutos.

3. Vierta en un tazón el contenido de la sartén a través de un colador. Tire las semillas y deje enfriar el aceite.

4. Añada el aceite pintado a la masa para vaporcito y mezcle hasta que la masa obtenga un color uniforme.

*Para hacer tamal horneado (p. 133), tendrá que duplicar esta receta.

Capítulo 10

Acompañamientos

En este capítulo encontrará las recetas de muchas guarniciones y acompañamientos de los platillos proporcionados en otros capítulos. Así como los recados y salsas del capítulo 1, si los domina puede armar una auténtica y completa comida yucateca.

Como se habrá dado cuenta, a los yucatecos les encantan las cebollas rojas y aquí encontrará las tres recetas más populares. Note la sutil distinción entre las tres. Las cebollas son ¿rebanadas, picadas, asadas o no? Eso hace la diferencia.

Luego encontrará las recetas de frijoles negros (ver el recuadro en la página 149 y el glosario) que son consumidos en la región. Tome confianza preparando primero los frijoles de la olla y de ahí tendrá una buena base para las demás recetas de frijoles negros (p. 146).

La siguiente recopilación de recetas son platillos de arroz, que van desde el simple arroz blanco (p. 146) hasta el suflé de arroz (p. 150) que es usualmente preparado para fiestas. Aunque el arroz blanco es él que se usa comúnmente para acompañar muchas de las comidas de este libro, usted puede usar casi cualquier platillo de arroz que prefiera.

Finalmente, encontrará acompañamientos de verduras así como los muy populares plátanos fritos (p. 144).

Página opuesta: Calabacitas fritas (p. 151).

Fotografías a la derecha, desde arriba: Las calabazas que se usan en Yucatán; método antiguo en la que se entregaba agua de casa en casa, Campeche, Campeche; ibes sazonados que se usan para hacer los polkanes, otro popular antojito yucateco.

Cebolla para cochinita pibil
Cebollas picadas y curtidas

Rinde aproximadamente 6 porciones (foto en la página 82)

Ingredientes

1 cebolla roja mediana, picada

1/4 taza de vinagre blanco

1/4 taza de agua

3/4 cucharadita de sal

Sí, éste es el complemento de la deliciosa cochinita pibil. Prepararla toma solo unos minutos. También es perfecta para el akat de codillos (p. 84) y para las suculentas empanadas (p. 23).

1. Ponga las cebollas picadas en un tazón no reactivo.

2. Agregue el vinagre, el agua y la sal. Las cebollas deben de estar completamente sumergidas en el líquido.

3. Cubra el tazón con plástico adherente y deje reposar las cebollas por 15 minutos. Refrigere o sirva inmediatamente.

Cebolla para panuchos
Cebollas rebanadas y curtidas

Rinde aproximadamente 6 porciones (foto en la página 21)

Ingredientes

1 cebolla roja mediana, en rebanadas delgadas

1/4 taza de vinagre blanco

1/4 taza de agua

3/4 cucharadita de sal

Los panuchos y salbutes siempre llevan esta versión de cebollas curtidas encima. Note que las cebollas son rebanadas, no picadas. Y mientras más delgadas las rebanadas, mejor. ¿Sus rebanadas son transparentes?

1. Corte la cebolla a lo largo y rebane finamente. Ponga las cebollas en un tazón no reactivo.

2. Agregue el vinagre, el agua y la sal. Las cebollas deben de estar completamente sumergidas en el líquido.

3. Cubra el tazón con plástico adherente y deje reposar las cebollas por 15 minutos. Refrigere o sirva inmediatamente.

Cebolla para poc chuc
Cebollas en cubos asadas y curtidas

Rinde aproximadamente 6-8 porciones (foto en la página 89)

Ingredientes

3 cebollas rojas chicas

1/3 taza de vinagre

1/2 cucharadita de sal

3 ramitas de cilantro fresco, picado

Por el nombre, puede deducir que éste es el acompañamiento preferido para el poc chuc (p. 88). Por favor, note que estas cebollas son asadas lentamente antes de cortarlas.

1. Ase las cebollas en un comal a temperatura media o directamente sobre la flama hasta que queden suaves, como una bola de goma. Si la temperatura es muy alta las cebollas se quemarán pero no se cocerán por dentro. Déjelas reposar y enfriar.

2. Quítele la piel quemada y corte las cebollas en cubos.

3. Agregue las cebollas, el vinagre, la sal y el cilantro en un tazón no reactivo y mezcle bien.

4. Cubra el tazon con plástico adherente y deje reposar las cebollas por 15 minutos. Refrigere o sirva inmediatamente.

Frijoles de la olla (o frijol kabax)

Rinde para aproximadamente 6-8 personas (foto en la página 82)

Los frijoles negros son los frijoles que se consumen en Yucatán. Esta preparación es muy simple y provee los pasos básicos para otras recetas de frijoles negros que les presentaremos más adelante. Todos estos son acompañamientos populares de platillos yucatecos.

1. Hierva el agua en una olla y agregue los frijoles, sáquele la espuma de arriba si es necesario y hierva de nuevo. Baje un poco la temperatura.

2. Cocine por 1 1/2-2 horas hasta que los frijoles se suavicen. Aproximadamente 15 minutos antes de que los frijoles lleguen a ese punto, añada el epazote y la sal. Ajuste la sal si es necesario.

Para servir: Siempre sirva los frijoles de la olla en un tazón con suficiente caldo.

Notas: Cuando pueda aplastar un grano de frijol fácilmente entre sus dedos, los frijoles están listos. Yo no remojo los frijoles en agua antes de cocer. Cubrir la olla es opcional. De cualquier manera, no deje que el nivel de agua quede debajo del nivel de los frijoles.

Ingredientes

1 libra de frijoles negros (en grano y secos), limpios y enjuagados

1 galón de agua

3 ramitas de epazote fresco

1 cucharada de sal

Frijoles negros guisados

Rinde para aproximadamente 6-8 personas

Esta es otra manera de hacer frijoles negros. Básicamente es la misma receta que la de los frijoles de la olla (arriba) con un par de ingredientes extras que hacen la diferencia. Aparte, estos frijoles se cocinan hasta reducir el líquido y los machaca levemente antes de servir.

1. Siga la receta de los frijoles de la olla (los pasos 1 y 2).

2. Una vez cocidos, drene los granos en un colador. Tire el caldo o guárdelo para hacer moros y cristianos (p. 149).

3. Caliente el aceite en una olla a fuego medio o alto y agregue las cebollas picadas. Fría hasta que las cebollas queden translucidas.

4. Añada los frijoles a la olla con las cebollas y cueza por 30 minutos o hasta que la mayor parte del líquido se haya reducido pero no completamente.

Notas: Si gusta, puede machacar un poco los frijoles antes de servirlos.

Ingredientes

1 libra de frijoles negros (en granos y secos), limpios y enjuagados

1 galón de agua

3 ramitas de epazote fresco

1 cucharada de sal

4 cucharadas de aceite de oliva (o aceite vegetal o manteca)

1/2 cebolla blanca, picada

LA CEBOLLA ROJA Muchos platillos yucatecos no estarían completos sin una guarnición de cebolla roja. Y hay tres maneras populares de prepararlas: 1. Cebolla para cochinita pibil; 2. Cebolla para panuchos; y 3. Cebolla para poc chuc (recetas, p. 142). Notará que las tres contienen el nombre del platillo que acompañan. Pero también son muy buenos acompañamientos de otros platillos. Ponga mucha atención en como son cortadas, rebanadas o asadas.

Frijoles colados
Puré de frijoles

Rinde para aproximadamente 8-10 personas

Ingredientes

1 libra de frijoles (en grano y seco), limpios y enjuagados

1 galón de agua

3 ramitas de epazote

1 cucharada de sal

4 cucharadas de aceite (vegetal o manteca)

1/2 cebolla blanca, picada

Estos cremosos frijoles son los que hacen más especiales los panuchos (p. 20). Ese ingrediente junto con las guarniciones que llevan encima los hacen simplemente deliciosos.

1. Siga las instrucciones de los frijoles de la olla (p. 143)—los pasos 1 y 2.

2. Ponga los frijoles en una licuadora con suficiente caldo de los frijoles para hacerlos puré. Tal vez tenga que hacer este paso por partes.

3. Caliente el aceite en una olla grande a fuego medio o alto y saltee las cebollas friéndolas, hasta que queden translucidas.

4. Añada el puré de frijoles a la olla con las cebollas y continúe cociendo a fuego bajo hasta que reduzca a la mitad. La consistencia debe ser como la de una salsa espesa. Ajuste la sal si es necesario.

Plátanos fritos

Rinde para aproximadamente 6-8 personas (foto en la página 18)

Ingredientes

4 plátanos machos maduros (ver glosario)

1/2 taza de aceite vegetal

Los plátanos fritos son populares en todo el Caribe donde Yucatán colinda en uno de sus extremos. Son servidos comúnmente como acompañamiento o sobre una cama de arroz como en el arroz con plátanos fritos (p. 29). También los necesitará para los huevos motuleños (p. 38) y el pollo ticuleño (p. 64). Los plátanos fritos servidos con media crema hacen también un rico y sencillo postre (ver notas).

1. Pele los plátanos (vea técnicas). Corte los plátanos de manera angular en rebanadas de 1/4 de pulgada aproximadamente (más o menos 8-10 rebanadas por plátano).

2. Caliente el aceite en una sartén y agregue las rebanadas de plátanos. Fría de 2 a 3 minutos por cada lado o hasta que se doren. Deben estar levemente crujientes por fuera pero suaves por dentro.

Notas: Para hacer plátanos fritos como postre, solamente corte el plátano a la mitad, a lo largo y luego en tercios y fría. Sirva con unas buenas cucharadas de media crema (ver foto en la página 158).

Consejos: Escoja plátanos machos que sean amarillos con puntitos negros y que estén relativamente suaves al presionarlos. Evite aquellos que sean verdes o todavía no estén maduros y tampoco escoja los que estén demasiado suaves y negros casi en su totalidad. Una porción es aproximadamente de 4-6 rebanadas.

Ensalada de verduras

Rinde para aproximadamente 6-8 personas

Esta ensalada tricolor y ligeramente aderezada puede ser disfrutada en cualquier ocasión y muchas veces se sirve como acompañamiento del pollo asado (p. 71). También es comúnmente servida en las fiestas de Nochebuena junto con el tradicional pavo asado (p. 74).

1. Pele las zanahorias y las papas y córtelas de manera angular en rebanadas de 1/8 de pulgada de ancho.

2. Ponga a hervir agua en una olla. Agregue las papas y déjelas hervir por 3 minutos aproximadamente o hasta que queden al dente. Póngalas en hielo para parar su cocimiento.

3. Hierva de nuevo el agua y agregue las zanahorias y déjelas hervir por 5 minutos aproximadamente o hasta que queden al dente. Póngalas en hielo para parar su cocimiento.

4. Hierva otra vez el agua y agregue los betabeles sin pelar, déjelos hervir por 20-25 minutos o hasta que se queden suaves. Póngalas en hielo para parar el cocimiento, luego pele y corte en rebanadas de 1/8 de pulgada de ancho.

5. Drene las verduras y póngalas en un platón alternando cada verdura, exprima el jugo de naranja agria (o de limón) encima y espolvoreé la sal y la pimienta.

Para servir: La puede servir en un platón a temperatura ambiente o ligeramente fría. Recuerde alternar las verduras para darles una presentación más atractiva.

Notas: No pele o corte los betabeles antes de cocerlos por que las rebanadas perderán su color en el proceso. Y asegúrese de cocer los betabeles después de las zanahorias y las papas para que no manchen de rojo esas verduras.

Ingredientes

- 1/2 galón de agua
- 2 zanahorias grandes
- 2 papas medianas
- 2 betabeles (o en rebanadas enlatadas)
- El jugo de 1-2 naranjas agrias (o de limón)
- Sal al gusto
- Pimienta negra molida, al gusto

Arroz blanco

Rinde para aproximadamente 6-8 personas (foto en la página 82)

Ingredientes

3 cucharadas de aceite vegetal

3-4 cucharadas de cebolla finamente picada

2 dientes de ajo, pelados y aplastados

2 tazas de arroz de grano largo

4 tazas de agua o caldo de pollo

1 1/2–2 cucharaditas de sal (solo si no usa el caldo de pollo sazonado), o al gusto

Este platillo de arroz es el más usado en Yucatán. Uno de los trucos para hacer un buen arroz es no quemarlo cuando se esté friendo, no ponerle demasiada agua y bajarle la temperatura una vez que empiece a hervir.

1. Caliente el aceite en una sartén y añada la cebolla y el ajo. Saltee a fuego medio hasta que las cebollas queden translucidas.

2. Agregue el arroz y fría hasta que tome un color doradito y opaco. No lo queme.

3. Vierta el agua al arroz (va a salpicar un poco) y póngale la sal. Cubra y deje hervir el agua. Después baje la temperatura hasta el mínimo y deje cocer por 20 minutos o hasta que el líquido se haya evaporado y el arroz esté suave y cocido. Apague la estufa y deje reposar el arroz por 5-10 minutos.

Notas: Si usa caldo de pollo sazonado, ajuste la sal hasta después, si es necesario.

Arroz con cebolla y tomate

Rinde para aproximadamente 6-8 personas (foto a la derecha)

Ingredientes

3 cucharadas de aceite vegetal

2 tomates roma, finamente picados

1/2 taza de cebollas finamente picadas

2 dientes de ajo, pelados y aplastados

2 tazas de arroz de grano largo

4 tazas de agua o caldo de pollo

1 1/2–2 cucharaditas de sal (solo si no usa el caldo de pollo sazonado) o al gusto

Los platos de arroz acompañan muchas de las comidas en Yucatán, y éste en particular va muy bien con casi cualquier platillo. Básicamente es una versión modificada del arroz blanco y puede sustituirlo en muchos platillos.

1. Caliente el aceite en una sartén y añada los tomates, la cebolla y los ajos. Saltee por 6-8 minutos hasta que las verduras queden suaves.

2. Agregue el arroz y fría hasta que tome un color doradito y opaco, con cuidado de no quemar el arroz.

3. Vierta el agua y la sal al arroz (va a salpicar un poco). Cubra y deje hervir el agua. Una vez que hierva, baje la temperatura al mínimo y deje cocer por 20 minutos o hasta que el líquido se haya evaporado y el arroz esté suave y cocido. Apague el fuego y deje reposar el arroz por unos 5-10 minutos.

Siguiendo las manecillas del reloj, desde arriba: Arroz con cebolla y tomate, moros y cristianos, arroz con azafrán y arroz con cilantro (ver recetas).

Arroz con cilantro

Rinde para aproximadamente 6-8 personas (foto en la página 147)

Ingredientes

3 cucharadas de aceite vegetal

1/2 taza de cebolla blanca picada

2 dientes de ajo, pelados y aplastados

2 tazas de arroz de grano largo

4 tazas de agua o caldo de pollo

1/3 de atado de cilantro fresco, enjuagado y sin tallos

1 1/2–2 cucharaditas de sal (solo si no usa el caldo de pollo sazonado) o al gusto

Este acompañamiento de arroz adquiere un sabor y color especial gracias al cilantro. Hace muy buena par con numerosos platillos.

1. Caliente el aceite en una sartén y añada la cebolla y el ajo. Saltee a fuego medio hasta que las cebollas queden translucidas, 6-7 minutos.

2. Agregue el arroz y fría hasta hasta que tome un color doradito y opaco, con cuidado de no quemar el arroz.

3. En una licuadora, ponga el cilantro con un poco de agua y licúe hasta que tome una consistencia de puré. Vierta la mezcla al arroz y agregue la sal (va a salpicar un poco). Cubra y deje hervir el agua. Una vez que hierva, baje la temperatura al mínimo y deje cocer por 20 minutos o hasta que el líquido se haya evaporado y el arroz esté suave y cocido. Apague el fuego y deje reposar el arroz por unos 5-10 minutos.

Arroz con azafrán

Rinde para aproximadamente 6-8 personas (foto en la página 147)

Ingredientes

3 cucharadas de aceite vegetal

2 tomates roma, finamente picados

1/2 taza de cebollas finamente picadas

2 dientes de ajo, pelados y aplastados

2 tazas de arroz de grano largo

4 tazas de caldo de pollo

Sal al gusto (ver notas)

1 pizca de azafrán

Éste es el arroz de preferencia en Yucatán para acompañar el puerco empanizado (p. 90), sin mencionar el pollo frito yucateco. Notará que esta receta es igual a la del arroz con cebolla y tomate (p. 146) con la diferencia de que esta receta pide azafrán y caldo de pollo. Este arroz también puede servir como base para una paella.

1. Caliente el aceite en una sartén y añada los tomates, la cebolla y los ajos. Saltee hasta que las cebollas queden translucidas.

2. Agregue el arroz y fría hasta que tome un color doradito y opaco, con cuidado de no quemar el arroz.

3. Hierva el caldo de pollo y añada el azafrán en una olla. Apague y deje que el azafrán suelte su color y sabor, por unos 5-6 minutos.

4. Vierta la infusión de caldo de pollo con azafrán al arroz (va a salpicar un poco). Cubra y deje hervir el agua. Una vez que hierva, baje la temperatura al mínimo y deje cocer por 20 minutos o hasta que el líquido se haya evaporado y el arroz esté suave y cocido. Apague el fuego y deje reposar el arroz por unos 5-10 minutos.

Notas: Si el caldo de pollo que va a usar ya tiene sal, probablemente no necesitará que le agregue sal al arroz. Si el caldo no tiene sal, échele al arroz 2 cucharaditas de sal.

MOROS Y CRISTIANOS
FRIJOLES NEGROS Y ARROZ BLANCO

Rinde para aproximadamente 6-8 personas (foto en la página 147)

Si está familiarizado con la comida cubana, seguro se ha topado con este platillo de arroz y frijoles. La traducción de "moros y cristianos" tal vez sea un nombre políticamente incorrecto ya que hace referencia al color de piel pero también reconoce la era donde los moros ocuparon la península ibérica, desde 711 D.C. hasta más o menos el tiempo en que el Nuevo Mundo fue descubierto. Este platillo es muy satisfactorio y es mejor si se acompaña con plátanos fritos (p. 144).

1. Caliente el aceite en una sartén y añada los tomates, la cebolla y los ajos. Saltee hasta que las cebollas queden translucidas, 6-7 minutos.

2. Agregue el arroz y fría hasta hasta que tome un color doradito y opaco, con cuidado de no quemar el arroz.

3. Agregue los granos de frijol y el caldo de frijoles (de los frijoles de la olla) al arroz (va a salpicar un poco). Cubra y deje hervir el agua. Una vez que hierva, baje la temperatura al mínimo y deje cocer por 20 minutos o hasta que el líquido se haya evaporado y el arroz esté suave y cocido. Apague el fuego y deje reposar el arroz por unos 5-10 minutos.

INGREDIENTES

3 cucharadas de aceite vegetal

2 tomates roma, finamente picados

1/2 taza de cebollas finamente picadas

2 dientes de ajo, pelados y aplastados

2 tazas de arroz de grano largo

4 tazas de caldo de frijoles negros (de los frijoles de la olla) (p. 143)

1 taza de granos de frijoles negros cocidos (de los frijoles de la olla) (p. 143)

Sal al gusto

LOS FRIJOLES NEGROS: FUENTE DE PROTEÍNA Los frijoles son un diverso grupo de leguminosa que tienen una gran variedad de colores y tamaños y son una fuente importante de alimento originado en el Nuevo Mundo. Los frijoles más comunes han sido cultivados en el continente americano por miles de años. Tal vez originándose en Perú, después esparciéndose por todas las regiones de América y volviéndose una fuente importante de proteína. El frijol preferido en Yucatán es el frijol negro. Los frijoles en general son muy fáciles de cocinar. Yo no remojo mis frijoles antes de cocinarlos.

Suflé de arroz

Rinde para aproximadamente 6-8 personas

El arroz

3 cucharadas de aceite vegetal

2 tazas de arroz de grano largo

4 tazas de agua

1 cucharadita de sal

Para el suflé

1 lata (7.6 onzas) de media crema (o crema 100%) (ver glosario)

1 taza de jamón grueso cortado en cubitos

1 taza de queso Cheddar cortado en cubitos

1 taza de granos de elote (drenados si son enlatados o descongelados si son de bolsa)

1 pimiento rojo, asado y cortado en cuadritos

Este platillo de arroz es un clásico en fiestas yucatecas, especialmente las infantiles. Eso no quiere decir que no lo pueda disfrutar con su comida cualquier otro día.

1. Caliente el aceite. Agregue el arroz y fría hasta que tome un color doradito y opaco, con cuidado de no quemar el arroz.

2. Vierta el agua y la sal al arroz (va a salpicar un poco). Cubra y deje hervir el agua. Una vez que hierva, baje la temperatura al mínimo y deje cocer por 20 minutos o hasta que el líquido se haya evaporado y el arroz esté suave y cocido. Apague el fuego y deje reposar el arroz por unos 5-10 minutos.

3. Deje enfriar el arroz.

4. Añada al arroz frio, la crema, el jamón, el queso, los granos de elote, el pimiento rojo y mezcle bien. Ajuste la sal si es necesario.

CALABACITAS FRITAS

Rinde para aproximadamente 6-8 personas (foto en la página 140)

Aunque este platillos suena más como un acompañamiento, también es servido como botana o aperitivo. En Yucatán se usa una calabaza que es verde oscura y pequeña (foto en la página 141). En esta receta usamos la calabaza kabocha que es muy parecida a la que se consume en Yucatán. Tiene un muy bonito color amarillo-naranja por dentro así como una textura cremosa y un sabor dulce.

1. Lave bien la calabaza. Córtela a la mitad, Sáquele el tallo y las semillas. Luego córtela en rebanadas de 1 pulgada de ancho.

2. Hierva el agua, agregue la calabaza y cueza por 5 minutos o hasta que esté suave, pero no la sobre cueza. Drene y deje a un lado.

3. Caliente el aceite en una sartén y añada los tomates, la cebolla, los pimientos y la sal. Fría hasta que la cebolla quede translucida.

4. Machaque la calabaza—sin hacerla puré—y mezcle bien con las verduras salteadas. Vierta la salsa de tomate, y déjela cocer a fuego bajo de 6-7 minutos.

5. Cuando ya esté lista, espolvoree un poco de queso encima al servir.

Para servir: Las puede servir en un tazón grande o en un platón, espolvoreando el queso hasta antes de servirlo.

INGREDIENTES

1 calabaza kabocha (3 libras aproximadamente)

1/2 galón de agua

3 cucharadas de aceite vegetal

3 tomates roma, cortados en cuadritos

1/2 cebolla blanca o amarilla, cortada en cuadritos

1/2 taza de pimientos verdes cortados en cuadritos

1/2 taza de pimientos rojos cortados en cuadritos

1 cucharadita de sal

1/2 taza de salsa de tomate (p. 15)

1/2 taza de queso Edam (queso de bola) (o queso Gouda), rayado

CURTIDO DE REPOLLO

Rinde para aproximadamente 6-8 personas (foto en la página 30)

Si conoce las pupusas, un popular platillo salvadoreño, tal vez esta versión de curtido de repollo le resulte familiar. En Yucatán se usa comúnmente como una guarnición para los kibis (p. 30) o servido a un lado de tortas (sándwiches). También se puede usar para hacer tortas y panuchos vegetarianos.

1. Mezcle todos los ingredientes en un tazón. Ajuste sal y vinagre si es necesario. Deje reposar un poquito para agarrar más sabor.

Notas: Prepare este acompañamiento con anticipación y refrigeré. Mientras más tiempo lo marine, mejor sabor tendrá.

INGREDIENTES

1/4 de cabeza de repollo, finamente rebanado

1/4 de pimiento rojo grande, finamente rebanado

1/4 de pimiento verde grande, finamente rebanado

1 zanahoria, rayada

4-6 ramitas de cilantro fresco, finamente picadas

2-4 cucharadas de vinagre blanco

1-1 1/2 cucharadita de sal

CAPÍTULO 11

BEBIDAS

Las bebidas frutales en Yucatán van desde los jugos frescos hasta los licuados. La mayoría de ellas son sencillas de hacer. Algunas de las frutas que necesitará son muy fáciles de encontrar, y otras son más fáciles de conseguir en forma de pulpa congelada en los supermercados latinos o asiáticos. Para las frutas más exóticas, tal vez tenga que esperar hasta que estén en temporada y conseguirlas en mercados de especialidades en su localidad.

Las bebidas frutales con leche, como el plátano con leche (p. 156) o papaya con leche (p. 157), tal vez las conozca por el nombre de licuados.

Las recetas de bebidas no frutales de este capítulo incluyen la de horchata (p. 154), una bebida tradicional en todo México que tiene como base el arroz; y la de agua de jamaica (p. 157), hecha con una infusión de las cálices y sépalos de la flor de jamaica.

Hay muchas variables cuando se trata de preparar estas bebidas, así que use estas recetas como guía. Tal vez necesite de más fruta de la que pide una receta, por ejemplo, si no están jugosas. O si le gusta las bebidas más concentradas o menos dulces, simplemente use menos agua o azúcar.

Si se encuentra en Yucatán y se le antoja tomar una cerveza para calmar la sed, una Carta Clara (lager), Negra León (ámbar) o Montejo (pilsner) bien fría cumplirán con el cometido.

Lo más típico como un aperitivo o copita digestiva sería el Xtabentún, un licor hecho a base de semillas de anís, miel fermentada y ron. El verdadero Xtabentún es aquel que se hace con miel de abejas que se alimentan de la flor de la enredadera del Xtabentún (familia de la gloria de la mañana). Puede tomarlo seco, en las rocas, añadirlo a su café o mezclarlo con otras bebidas. Puede comprar este licor por Internet, aunque ¿no sería mejor traer una botella regresando de su viaje a Yucatán?

Página opuesta, de izquierda a derecha: Agua de jamaica (p. 157), naranjada (p. 154) y horchata (p. 154).

Fotografías a la derecha, desde arriba: Las exóticas pitayas; bailarines usando el traje tradicional bailando en la plaza grande en Mérida, Yucatán; papayas maduras.

Horchata
Refresco de arroz

Rinde aproximadamente 30 porciones grandes (foto en la página 152)

Té de canela y jarabe de harina de arroz

1/2 galón de agua

4 palitos de canela

1 libra de harina de arroz

2 libras de azúcar

1 cucharaditas de extracto de almendra

1 cucharaditas de extracto de vainilla

Horchata

1/4 galón del jarabe preparado

1 galón de agua

Para hacer horchata se requiere de tres procesos. Primero tendrá que hacer un té de canela y luego un jarabe de harina de arroz. Después se mezclan éstos para hacer esta refrescante bebida que es perfecta para acompañar con cochinita pibil (p. 83). No se preocupe por las grandes cantidades que pide la receta. Va a estar complacido de haber hecho suficiente

Para hacer el té y preparar el jarabe

1. Ponga a hervir el agua con los palitos de canela y hierva por 10 minutos. Éste es el té de canela.

2. En un tazón grande, agregue el 1/2 galón del té de canela (del paso 1) con la harina de arroz, el azúcar, el extracto de almendra y el extracto de vainilla. Mezcle bien con una licuadora de mano. Éste es el jarabe.

Para hacer la horchata

1. Licúe el jarabe y el agua.

2. Sirva la horchata con hielo en vasos grandes de vidrio.

Notas: Puede refrigerar el jarabe hasta por 2 o 3 meses. Pero una vez que mezcle este jarabe con agua, es mejor consumirlo ese mismo día.

Naranjada

Rinde aproximadamente 6 porciones (foto en la página 152)

Ingredientes

El jugo de 12-14 naranjas (navel o de ombligo, Valencia o Texas)

3 cuartos de galón de agua

1/2 taza de azúcar

En Yucatán, puede encontrar esta simple bebida en cualquier lugar donde hagan aguas frescas. A diferencia del jugo de naranja, esta bebida lleva agua, cayendo en la categoría de "refresco". Si prefiere que su refresco tenga más jugo, agregue más jugo de naranja o menos agua. Algo también muy popular en Yucatán son los chineros que venden naranjas frescas para consumir ahí mismo. Tienen unas máquinas manuales que pelan las naranjas y luego las sirven con sal y chile. En Yucatán a las naranjas dulces se les llama "chinas".

1. Exprima todas las naranjas, agregue el agua y el azúcar. Asegúrese de disolver el azúcar completamente. Enfríe y/o sirva con hielo.

Notas: Yo soy muy sensible a los matices de los diferentes tipos de naranjas. Una vez que corte las naranjas, se empiezan a amargar, y él que tan rápido pase eso depende mucho del tipo de naranja. Si usa naranjas navel o de ombligo, es mejor que sirva la naranjada de inmediato. Si usa naranjas Valencia, el refresco se puede mantener por un día. Con las naranjas Texas se mantiene hasta por 2 días.

REFRESCO DE DE NARANJA AGRIA

Rinde aproximadamente 6 porciones (foto de la fruta en la página 152)

Para este momento ya estará familiarizado con el concepto de la naranja de Sevilla o naranja agria (ver glosario). Como debe imaginarse, su sabor ácido y fuerte las hacen perfectas para hacer una refrescante y deliciosa bebida. La receta es la misma que la de la naranjada excepto por la cantidad de azúcar que se requiere. Esta fruta agria necesita de más endulzante. No use jugo de naranja agria embotellada para hacer esta bebida.

1. Exprima las naranjas agrias, agregue el agua y el azúcar. Asegúrese de disolver el azúcar por completo. Enfríe y/o sirva con hielo.

INGREDIENTES

El jugo de 12-14 naranjas agrias

3 cuartos de galón de agua

1 taza de azúcar

LIMONADA

Rinde aproximadamente 6 porciones

Éste es otra bebida rápida de hacer. Si usa los limones persas también conocidos como limones mexicanos (consulte el recuadro de la página 114), tal vez necesite modificar un poco la receta. Puede ser que necesite más fruta y/o más azúcar. En Yucatán no se acostumbra a usar limones amarillos (*lemons*) y tampoco se consiguen con facilidad en la región.

1. Exprima los limones y añada el agua y el azúcar. Asegúrese de que el azúcar se disuelva completamente. Enfríe y/o sirva con hielo.

INGREDIENTES

El jugo de 6-8 limones

3 cuartos de galón de agua

1 taza de azúcar

REFRESCO DE GUANÁBANA

Rinde aproximadamente 4-5 porciones

La guanábana es una fruta tropical de color, sabor y fragancia muy delicada (ver glosario) que la hace perfecta para prepararla en bebida o en un refrescante sorbete (p. 171). Se le conoce también por los nombres de *graviola* o *paw paw* brazileño. Esta fruta puede ser difícil de conseguir, así que intente conseguir la pulpa congelada. La puede encontrar en los supermercados latinos o asiáticos.

1. Descongele la pulpa parcialmente hasta que quede suave y maleable.

2. Añada en una licuadora la pulpa, el azúcar y el agua. Licúe hasta que todo se mezcle bien. Enfríe y/o sirva con hielo.

Notas: Si quiere hacer refresco de mamey o de mango, solo sustituya en esta receta la pulpa congelada de la guanábana por las pulpas congeladas de estas frutas.

INGREDIENTES

1 paquete (12 onzas) de pulpa de guanábana congelada

3/4 taza de azúcar

2 cuartos de galón de agua

Refresco de sandía

Rinde aproximadamente 4-5 porciones

Ingredientes

2 tazas de sandia en pedazos

3/4 de azúcar

2 cuartos de galón de agua

Nada nos hace pensar en el verano como una sandía fría. Aquí les mostramos otra manera de disfrutarla. La mejor sandía para hacer este refresco es la sandía sin semillas.

1. Ponga en una licuadora la sandía, el agua y el azúcar. Licúe hasta que todo se mezcle bien. Enfríe y/o sirva con hielo.

Refresco de pitaya

Rinde aproximadamente 4-5 porciones (foto de la fruta en la páginas 153 y 181)

Ingredientes

2 tazas de pitayas, peladas y cortadas

3/4 de azúcar

2 cuartos de galón de agua

La pitaya es el fruto de un cactus (ver glosario). Es muy común en Yucatán donde se cultiva. Su apariencia exótica y similar sabor a kiwi la hacen muy llamativa. La puede consumir también en rebanadas o en helado.

1. Machaque la pitaya y mezcle con el agua y el azúcar. Enfríe y/o sirva con hielo. Decore con una rebanada de limón.

Plátano con leche

Licuado de plátano

Rinde aproximadamente 3 porciones

Ingredientes

3 tazas de leche

2 plátanos, rebanados (o 3-4 guineos)

3 cucharadas de azúcar

4 gotas de extracto de vainilla

Si tiene leche y plátanos, licúelos para hacer una bebida simple pero deliciosa. Si puede conseguir los plátanos chiquitos, conocidos como "manzanos" en Yucatán, esta bebida sabrá mucho mejor.

1. Ponga a licuar la leche, los plátanos, el azúcar y el extracto de vainilla hasta que todo se incorpore.

2. Sirva enseguida en vasos altos de vidrio, pero no los sirva con hielo. Como toque final, puede espolvorear un poco de canela.

Mamey con leche

Licuado de mamey

Rinde aproximadamente 3 porciones (foto de la fruta en la página 159)

Ingredientes

1 paquete (12 onzas) de pulpa de mamey congelada

3 tazas de leche

3 cucharadas de azúcar

Aunque su piel tiene una textura como lija, el mamey (ver glosario) esconde un delicioso interior. Corte un mamey y verá que su pulpa tiene un color intenso naranja quemado y que puede sacarse fácilmente con una cuchara como un flan. Si no se puede conseguir la fruta, busque la pulpa congelada. También puede hacer este licuado con pulpa congelada de guanábana.

1. Descongele la pulpa parcialmente hasta que quede suave y maleable.

2. Añada en una licuadora la pulpa, el azúcar y la leche. Licúe hasta que todo se mezcle bien. Sirva enseguida.

Papaya con leche

Licuado de papaya

Rinde aproximadamente 3 porciones (la foto de la fruta en la página 153)

Las papayas (ver glosario) son relativamente fácil de encontrar durante todo el año. Son deliciosas servidas en rebanadas y con un chorrito de limón. Licúe la papaya con un poco de leche y azúcar y obtendrá papaya con leche.

1. Ponga en una licuadora la papaya, el azúcar y la leche. Licúe hasta que todo se mezcle bien.

2. Sirva enseguida.

Notas: Asegúrese de consumir esta refrescante bebida inmediatamente después de prepararla. De otra manera se pondrá amarga.

Ingredientes

2 tazas de papaya peladas, cortadas y sin semillas

3 tazas de leche

3 cucharadas de azúcar

Agua de jamaica

Rinde aproximadamente 10 porciones (foto en la página 152)

Esta bebida ligeramente astringente y de un bonito color borgoña profundo, es particularmente refrescante. Se hace con una infusión concentrada de las flores secas de la jamaica o, más específicamente, los sépalos y cálices de la flor de la jamaica (*Hibiscus sabdariffa*) que son mezclados con agua y azúcar. Mancha fácilmente la ropa y las repisas de la cocina así que tenga cuidado al prepararla. Use recipientes de vidrio o de acero inoxidable.

Para hacer el concentrado

1. Ponga las flores de jamaica en una olla grande con 1/2 galón de agua. Hierva, luego baje la temperatura y deje cocer por 20 minutos.

2. Cuele las flores, regréselas a la olla y reserve la infusión de agua.

3. Vierta el 1/2 galón restante de agua sobre las flores. Hierva, luego baje la temperatura y deje cocer por otros 20 minutos.

4. Cuele las flores y tírelas.

5. Junte las dos partes de infusión de agua. Al final tendrá 2 1/2 cuartos de galón (o 10 tazas) de concentrado de jamaica ya que las flores habrán absorbido mucha agua.

Para hacer el agua de jamaica

1. Mezcle el concentrado con agua y azúcar. Enfríe y/o sirva con hielo.

Nota: El concentrado de jamaica puede estar refrigerado por varios meses. Para colar las flores puede usar un colador regular pero yo prefiero usar filtros de papel ya que de esta manera el agua queda más cristalina. De hecho, prefiero usar filtros de papel cuando cuelo caldos u otros líquidos por que atrapan muchas de las impurezas dando como resultado líquidos más limpios y claros.

Para el concentrado de jamaica

1/2 libra de flores secas de jamaica

1 galón de agua

Para el agua de jamaica

1 cuarto de galón de concentrado de jamaica (arriba)

2 cuartos de galón de agua

1 taza de azúcar

CAPÍTULO 12

POSTRES

¿Qué hay de postre?

Aunque los mayas tal vez endulzaban sus bebidas y comidas con su muy cotizada miel de abeja y también le daban buen uso a las vainas de vainilla (ver glosario), seguramente el arribo de la caña de azúcar y de productos lácteos, junto con recetas de el Viejo Mundo, les abrió un mundo nuevo de postres y golosinas.

Entre las recetas de este capítulo se encuentran los postres que llegaron con los españoles y otros trotamundos. Encontrará una selección de postres cremosos como el flan, la crema española, la crema de coco y el arroz con leche (ver recetas).

Otras recetas reflejan la conexión que tiene la península con el Caribe y le sacan provecho a frutas tropicales como la papaya, la guanábana, el maracuyá y el coco. (Consulte la lista de frutas tropicales en el glosario).

Finalmente, les presentaremos los postres meramente yucatecos como los caballeros pobres (p. 166) o los pastelitos de atropellado (p. 168).

Página opuesta, siguiendo las manecillas del reloj, empezando desde la fotografía superior a la izquierda: Arroz con leche (p. 164), plátanos con crema (p. 144), crema española (p. 164), y papaya en almíbar (p. 165).

Fotografía a la derecha, desde arriba: Dulces de mazapán, de diversas formas y colores, son hechos con semillas de calabaza en lugar de almendras como en España; comprando sombreros de paja en Becal, Campeche; y rebanadas de mamey que revelan su colorido interior.

FLAN

Rinde aproximadamente 8 porciones

INGREDIENTES

2 tazas de azúcar (divididas) (ver abajo las opciones para cocinar y servir)

2 cucharadas de agua, si es necesario

6 huevos

2 tazas de leche entera

1 cucharadita de extracto de vainilla

El flan es un postre muy común en toda América Latina. Esta receta comienza con un caramelo de azúcar que cubre la superficie del flan, dándole su típica apariencia y sabor. Solo tenga cuidado de no quemar el azúcar por que tendrá que empezar el proceso desde el principio.

1. Derrita 1 taza de azúcar en una olla a fuego medio, moviendo constantemente con un cucharón de madera, hasta que obtenga el típico color dorado de un caramelo. Vierta el caramelo en partes iguales en 8 recipientes o moldes de 4 onzas, mueva de lado a lado hasta que cubra la base y lados del recipiente. (Si lo requiere, añada un poquito de agua al caramelo para hacerlo más fácil de manejar, pero hágalo hasta completar el proceso de caramelización).

2. Mezcle los huevos, la taza restante de azúcar, la leche y el extracto de vainilla hasta que los ingredientes se incorporen pero con cuidado de no pasarse de tiempo al mezclarlo. Vierta sobre los moldes o recipientes que ya tienen el caramelo.

3. Cubra todos los moldes con plástico adherente y póngalos sobre un recipiente para hornear. Vierta agua en el recipiente para hornear por lo menos hasta la mitad de los moldes con flan. Tape todo con papel aluminio y cueza sobre la estufa a fuego medio hasta que los flanes queden firmes, unos 15-20 minutos o hasta que inserte un cuchillo en el centro del flan y salga limpio.

Para servir: Enfríe ligeramente y saque los flanes de sus moldes colocándolos en platos pequeños asegurándose de que el caramelo no se quede en el molde. Si el flan se pega al molde, remoje el recipiente en agua tibia por unos segundos.

OPCIONES PARA COCINAR Y SERVIR
FLAN Y QUESO NAPOLITANO

También puede preparar flan y queso napolitano (receta en la página opuesta) en una charola para pastel de 9 pulgadas de diámetro. Caramelice el azúcar en la charola a fuego medio si ésta es de aluminio, y mueva de lado a lado para cubrir completamente la base y lados. Use 1/2 taza de azúcar para este proceso. Ponga la mezcla de leche y huevo en la charola. Cubra con papel aluminio, coloque dentro de un recipiente para hornear y vierta suficiente agua sobre éste, por lo menos hasta la mitad de la charola para pastel y hornee a 350º F de 45 a 60 minutos o hasta que inserte un cuchillo en el centro del flan y salga limpio. Enfríe y saque el flan de la charola colocándolo sobre un platón. Si el flan o el queso napolitano se pega a la charola, remoje el recipiente en agua tibia por unos segundos. También puede refrigerar el flan y sacarlo de la charola después.

Queso Napolitano

Rinde 8 porciones

Este postre es una variación del flan, pero la leche condensada le dá un sabor más enriquecido. Esta versión es muy popular en Yucatán, especialmente como postre para la cena de Nochebuena. Las instrucciones son las mismas que las del flan.

1. Derrita 1 taza de azúcar en una olla a fuego medio, moviendo constantemente con un cucharón de madera, hasta que obtenga un color dorado típico del caramelo. Vierta este caramelo por partes iguales en 8 recipientes o moldes de 4 onzas, mueva de lado a lado hasta que cubra toda la base y lados del recipiente. (Si lo requiere, añada un poquito de agua al caramelo para hacerlo más fácil de manejar, pero hágalo hasta completar el proceso de caramelización).

2. Mezcle los huevos, la leche condensada, la leche y el extracto de vainilla hasta que los ingredientes se incorporen pero con cuidado de no pasarse de tiempo al mezclarlo. Vierta sobre los moldes o recipientes que ya tienen el caramelo.

3. Cubra todos los moldes con plástico adherente y póngalos sobre un recipiente para hornear. Vierta agua en el recipiente para hornear por lo menos hasta la mitad de los moldes con el queso napolitano. Tape todo con papel aluminio y cueza sobre la estufa a fuego medio hasta que el queso napolitano quede firme, unos 15-20 minutos o hasta que inserte un cuchillo en el centro del queso napolitano y salga limpio.

Para servir: Enfríe ligeramente y saque cada queso napolitano de sus moldes colocándolos en platos pequeños asegurándose de que el caramelo no se quede en el molde. Si el queso napolitano se pega al molde, remoje el recipiente en agua tibia por unos segundos.

Ingredientes

1 taza de azúcar (ver en la página 160 las opciones para cocinar y servir)

2 cucharadas de agua, si es necesario

5 huevos

1 lata (14 onzas) de leche condensada

1 1/2 tazas de leche entera

1 cucharadita de extracto de vainilla

Crema de coco

Rinde aproximadamente 6 porciones

Ingredientes

2 latas (13.5 onzas cada una) de crema de coco

3/4 de azúcar

3 huevos

3 cucharadas de fécula de maíz (maicena)

1/2 cucharadita de extracto de vainilla

Canela molida

Este postre es muy parecido a la crema española (p. 164) pero se usa crema de coco en lugar de leche entera. Y quien sabe, tal vez le guste más que la crema española o el manjar blanco (p. 163). Tendrá que probarlos todos.

1. Mezcle la crema de coco, el azúcar, los huevos, la fécula de maíz y el extracto de vainilla. Mezcle bien, pero con cuidado de no hacerlo por mucho tiempo.

2. Ponga la mezcla en una olla y caliente a fuego medio por 8-10 minutos, mezclando constantemente hasta que espese pero que todavía lo pueda verter.

3. Vierta la crema sobre recipientes individuales (o en un tazón grande) y enfríe.

4. Cuando la crema esté lista para servir, espolvoreé un poquito de canela molida sobre ella.

Notas: Tal vez se separen los líquidos de los sólidos dentro de la lata de crema de coco. Así que sacuda muy bien la lata antes de abrir, o mezcle muy bien el contenido de la lata si ya la abrió.

MANJAR BLANCO

Rinde aproximadamente 6 porciones

A diferencia de la crema española (p. 164) o la crema de coco (p. 162), el manjar blanco es gelatinoso y si se enfría en charolas cuadradas, puede ser cortado en cubos para servir. A los amantes de la canela les encantará la generosa capa de canela molida que cubre este postre.

1. Ponga la crema de coco, el agua, la harina de arroz y el azúcar en una olla. Caliente a fuego medio, mezclando constantemente hasta que espese y pueda ver la base de la olla a medida que va mezclando o que ponga una cucharada de la mezcla en un plato y al ladearlo no se corra.

2. Vierta en recipientes individuales (o en un recipiente para hornear de 9 pulgadas de diámetro). Enfríe.

3. Cuando esté listo para servir, espolvoree canela molida hasta cubrir la superficie del postre.

Ingredientes

1 lata (13.5 onzas) de crema de coco

2 1/2 tazas de agua

4 onzas de harina de arroz (aproximadamente 2/3 taza)

1/2 taza de azúcar

Canela molida

CREMA ESPAÑOLA

Rinde aproximadamente 6 porciones (foto en la página 158)

INGREDIENTES

3 tazas de leche entera

3/4 de azúcar

3 huevos

3 cucharadas de fécula de maíz (maicena)

1/2 cucharadita de extracto de vainilla

Canela molida

Este postre es fácil de hacer y a todos le gustará. Para una bonita presentación, sirva en recipientes individuales y enfríe. Y así también controla las porciones de alguna manera . . . a menos que regresen por más. ¡Mejor haga suficiente!

1. Mezcle bien la leche, el azúcar, los huevos, la fécula de maíz y el extracto de vainilla hasta que todos los ingredientes se incorporen, con cuidado de no pasarse de tiempo al mezclar.

2. Ponga la mezcla en una olla y caliente a fuego miedo por 8-10 minutos, mezclando constantemente hasta que espese pero que todavía se pueda verter.

3. Vierta en recipientes individuales o en un tazón grande y enfríe.

4. Cuando ya esté listo para servir, espolvoree generosamente la canela molida.

ARROZ CON LECHE

Rinde aproximadamente 8-10 porciones (foto en la página 158)

INGREDIENTES

2 tazas de agua

1 taza de arroz blanco de grano chico (arroz Rose)

2-3 tazas de leche entera (dependiendo de la consistencia que usted prefiera)

1 lata (14 onzas) de leche condensada

1 palito de canela

2 cucharaditas de extracto de vainilla

Canela molida

Este clásico postre es muy popular, particularmente durante las fiestas decembrinas. Siempre me ha gustado mi arroz con leche un poco aguado como un atole. De hecho, para mi es muy satisfactorio tomar el arroz con leche acompañando un panucho caliente.

1. Hierva el agua en una olla y añada el arroz. Reduzca el fuego, cubra el arroz y cueza por 15-20 minutos hasta que el arroz quede suave y se esponje.

2. Agregue las 2 tazas de leche al arroz cocido, la leche condensada, el palito de canela, el extracto de vainilla y una pizca de sal. Cueza y mueva a fuego medio por otros 10-15 minutos hasta que espese pero todavía se pueda verter. Si le gusta el arroz con leche menos espeso, agregue más leche.

3. Sirva en recipientes individuales. Enfríe o sirva a temperatura ambiente. Espolvoree la canela molida cuando ya vaya a servir.

Notas: Si gusta, puede agregarle coco rayado, pasitas y/o nueces a su arroz con leche cuando lo termine de cocinar.

PAPAYA EN ALMÍBAR

Rinde 8-12 porciones (foto en la página 158)

Este postre es refrescante, ligero y no muy dulce. Al remojar las rebanadas de papaya en cal hace que la superficie de la papaya se endurezca pero permite que el jarabe sea absorbido por la fruta y de esta manera se endulce. Tenga cuidado de no remojar la papaya por mucho tiempo en la cal por que se endurecerá por completo. Este método también funciona con otras frutas. Puede usar guayabas, chabacanos, duraznos, melones, calabazas (kabocha o banana) y también tejocotes o nances.

1. Pele la papaya y corte a la mitad a lo ancho. Remueva las semilla y luego corte cada mitad de la papaya en 12 rebanadas (aproximadamente de 1 pulgada de ancho).

2. En una olla, disuelva completamente la cal en un galón de agua y añada las rebanadas de papaya. Deje remojar por 1 1/2 horas.

3. Remueva las papayas y enjuague con agua fría varias veces hasta que haya removido la cal por completo y el agua salga clara y limpia.

4. En una olla, agregue 2 tazas de azúcar. Caliente a fuego bajo, moviendo constantemente con un cucharón de madera hasta que el azúcar se derrita por completo y se caramelice, tomando un color café (como el del piloncillo). Tenga cuidado de no quemar el azúcar por que tendrá que empezar de nuevo el proceso.

5. Vierta el galón restante de agua al azúcar caramelizada, mezcle bien y suba la temperatura. Deje que el azúcar se disuelva de nuevo en caso de que se haya solidificado por el agua. Agregue las 2 tazas restantes de azúcar, los palitos de canela y las rebanadas de papaya, deje hervir. Luego reduzca el fuego, cubra y deje cociendo por 3-3 1/2 horas o hasta que el jarabe se haya reducido a 1/4 o a la mitad.

6. Enfríe.

Para servir: Sirva 2 o 3 rebanadas de papaya por persona, acompañado de una rebanada de queso Edam o Gouda, y vierta una o dos cucharadas del jarabe sobre cada porción.

INGREDIENTES

1 papaya (aproximadamente 3 libras), no muy madura

2 galones de agua (divididas)

1 cucharada de cal (ver glosario)

4 tazas de azúcar (divididas)

2-3 palitos de canela

Rebanadas de queso Edam (o Gouda como segunda opción)

DULCE MIEL Los mayas practicaban la apicultura y domesticaban una abeja sin aguijón. Cosechaban la miel y la cera para uso personal y para intercambiar por otros productos. La miel se usaba como endulzante, antibiótico y como ingrediente principal de una bebida alcohólica llamada "balché", la cual sobrevivió la Conquista. Los panales eran recolectados y depositados en troncos huecos cerca de las casas. Los panales comúnmente eran pasados de generación a generación. Las abejas eran consideradas un eslabón al mundo espiritual y un regalo de Ah Muzen Cab, el dios de las abejas. Seguido de la Conquista, los mayas pagaban sus tributos a los conquistadores con miel y cera de abeja.

Caballeros pobres

Rinde 6 porciones

Ingredientes

2 piezas de pan francés (de 8 pulgadas de largo cada uno), cortados en rebanadas de 1 pulgada (unas 6 rebanadas por pieza)

4 huevos

Aceite vegetal

3/4 de galón de agua

2 tazas de azúcar

2 palitos de canela

1/2 taza de pasitas

2 cucharadas de almendras, blanqueadas y rebanadas

Este humilde postre es la versión pobre de la torrijas (o torrejas), un rico postre que lleva pan de leche (un pan dulce hecho con leche) remojado en leche. Esta versión es hecha con pan del día anterior y es remojado en agua con jarabe. Pero son igual de ricos.

1. Tueste las rebanadas de pan en un horno a 375-400°F por 7-8 minutos, asegurándose de que se tuesten por ambos lados.

2. Separe las yemas de las claras de huevo. Bata las claras hasta que queden a punto de nieve; vierta e incorpore lentamente las yemas.

3. Caliente el aceite en una sartén a fuego medio.

4. Remoje cada rebanada de pan en la mezcla de huevo, cubriendo ambos lados. Póngalos en la sartén y fría hasta que doren por ambos lados. Retire y drene con toallas de papel.

5. Ponga a hervir el agua en una olla grande y ancha. Añada el azúcar, los palitos de canela, las pasitas y las almendras. Hierva de 5 a 6 minutos hasta que todos los sabores se mezclen y que el jarabe espese un poco. Baje la temperatura y cueza. Éste es el jarabe.

6. Agregue las rebanadas fritas de pan al jarabe. Las rebanadas de pan flotarán así que use una cuchara para empujarlas hacia el fondo hasta que absorban suficiente líquido para que se mantengan sumergidas. Cueza por 5-6 minutos.

7. Apague la estufa, cubra y deje reposar las rebanadas de pan en el jarabe por una hora. Se inflarán.

Para servir: Lo mejor es servirlos a temperatura ambiente, aunque a algunos les gusta cuando están tibios como con las torrejas. Sirva dos rebanadas con un poco del jarabe, almendras y pasitas para porciones individuales.

Notas: Se ve contraproducente el hecho de sumergir rebanadas de pan capeadas y fritas en un jarabe ligero, pero eso hace jugosos a los caballeros pobres. Aunque es importante balancear el agua y el azúcar para que el pan no quede aguado. Y es importante cubrir la olla cuando las rebanadas de pan estén reposando en el jarabe para que se puedan inflar.

BUÑUELOS DE YUCA

Rinde aproximadamente 15 buñuelos

Estos no son iguales a los famosos buñuelos de Nuevo Orleans, pero son igualmente deliciosos. Crujientes por fuera, suaves por dentro y remojados en un poco de miel le resultará muy difícil solo comer uno.

Para preparar la yuca

1. Hierva el agua y añada la yuca, el jugo de limón y la sal. Cocine de 20-25 minutos o hasta que la yuca se cueza.

2. Drene la yuca y machaque. Quite las fibras gruesas que encuentre en la yuca.

Para preparar los buñuelos

1. Mezcle bien la yuca aplastada, la sal, los huevos y la harina.

2. Caliente el aceite en una sartén un poco profunda (o use una freidora a 375°F).

3. Usando una cuchara, tire una cucharada llena de la mezcla al aceite caliente y fría por ambos lados hasta dorar. Retire y drene usando toallas de papel.

4. Mientras estén tibios, póngales un poco de miel. Sirva tres piezas de buñuelos por persona.

Para la yuca

1/2 galón de agua

1 libra de yuca congelada y pelada

El jugo de 1 limón

1 cucharada de sal

Para los buñuelos

Yuca machacada

1 cucharadita de sal

2 huevos

1/3 de harina regular

Aceite vegetal

Miel

Pastelitos de Atropellado

Empanadas de coco y camote

Rinde aproximadamente 20 empanadas

Ingredientes

2 1/2 tazas de harina regular

1 1/2 cucharaditas de sal

3/4 taza de agua tibia

3/4 de mantequilla o margarina

2 libras de camotes, pelados y cortados en cubos de 1 pulgada cada uno

Agua

1 taza de coco rayado, no endulzado

1 taza de azúcar

1 cucharada de extracto de vainilla

Azúcar glass

Estas empanadas son muy populares durante las fiestas decembrinas. No podrá comer solo una, así que no piense que está preparando demasiadas. Para realzar este postre, sirva con una bola de helado de vainilla o con fresas frescas (como en la página 6).

1. Mezcle la harina, la sal y el agua tibia.

2. Derrita la mantequilla y mientras se encuentre tibia, vierta a la mezcla de harina. Mezcle hasta formar una masa maleable. Amase por 1-2 minutos hasta que este libre de grumos.

3. Divida la masa en bolitas de 1 1/2 pulgadas de diámetro (como pelotas de golf). Cubra con plástico adherente o con una toalla húmeda para evitar que la masa se seque. Deje reposar a temperatura ambiente por una hora.

4. En una olla coloque los camotes, cubra con agua y cocine por 15-20 minutos hasta que queden suaves. Drene bien.

5. Machaque los camotes y agregue el coco, la azúcar y el extracto de vainilla. Mezcle todo hasta que los ingredientes se incorporen por completo.

6. Caliente el horno a 350°F.

7. Dele forma de discos a las bolitas (de 4 1/2 a 5 pulgadas de diámetro). O use una prensa manual para tortilla poniendo una de las bolitas de masa entre dos pedazos de plástico adherente y presionando hasta formar los discos. (Retire el plástico superior de el disco antes de rellenar).

8. Ponga más o menos 1 1/2 a 2 cucharaditas del relleno de coco y camote en el centro de cada disco y dóblelo a la mitad, sellando las orillas de la empanada con un tenedor.

9. Espolvoree una bandeja para galletas con harina y coloque ahí las empanadas. Hornee por 25-30 minutos o hasta que tomen un color dorado en su base. Deje enfriar en una parilla.

10. Cuando ya estén frías, métalas en suficiente azúcar glass y sirva.

Notas: Puede hacer estas empanadas con diferentes rellenos. Intente con piña, guayaba (pasta de guayaba), queso, y guayaba con queso. Algunos rellenos no dulces incluyen quesos (como el Cheddar) y carne (como carne molida, p. 104). Pero no olvide el azúcar glass. La combinación de dulce y salado es increíble.

Sorbetes y helados

A lo largo y ancho del estado de Yucatán, se pueden encontrar helados y sorbetes hechos de una variedad de frutas tropicales. Pruebe los de mango, nance, saramullo, anona, pitaya y zapote. Los vendedores ambulantes se pasean por las calles en triciclos con cajas de madera, manteniendo estas delicias rodeadas de hielo raspado y sal que las conservan frías durante todo el día. Anuncian su llegada tocando una campana.

Sorbete de guanábana

Rinde aproximadamente 1/2 galón (foto izquierda, abajo)

Si le gusta el refresco de guanábana (p. 155), le encantará este sorbete. Otra vez, es muy fácil de hacer usando la pulpa congelada.

1. Ponga a calentar el agua en una olla y cuando casi esté por hervir, agregue el azúcar. Mueva constantemente con una cuchara de madera o con un agitador hasta que pierda su opaques y quede clara. No hierva.

2. Deje enfriar.

3. Una vez que el jarabe esté frío, añada la pulpa de guanábana y mezcle bien. Vierta en un recipiente de plástico, cubra y enfríe por 24 horas.

4. Ponga la mezcla del jarabe y la pulpa fría en una máquina de helados y siga las instrucciones de fábrica.

Ingredientes

1 3/4 tazas de agua

1 1/2 tazas de azúcar

2 paquetes (de 14 onzas cada uno) de pulpa congelada de guanábana, descongelados

Sorbete de maracuyá

Rinde aproximadamente 1/2 galón

La apariencia del maracuyá (ver glosario) no tiene nada interesante. Su piel arrugada como papel ya sea amarillo o morado no da señales del delicioso sabor que tiene por dentro. Pero una vez que lo pruebe, lo atrapará. Ya que la fruta fresca puede ser muy difícil de conseguir y es cara, es bueno que usted sepa que la pulpa congelada de esta fruta es una muy buena opción para este sorbete.

1. Ponga a calentar agua en una olla y cuando casi esté por hervir, agregue el azúcar. Mueva constantemente con una cuchara de madera o con un agitador hasta que pierda su opaques y quede claro. No hierva.

2. Deje enfriar.

3. Una vez que el jarabe esté frío, añada la pulpa de maracuyá y mezcle bien. Vierta en un recipiente de plástico, cubra y enfríe por 24 horas.

4. Ponga la mezcla del jarabe y la pulpa fría en una máquina de helados y siga las instrucciones de fábrica.

Ingredientes

1 3/4 tazas de agua

1 1/2 tazas de azúcar

2 paquetes (de 14 onzas cada uno) de pulpa congelada de maracuyá, descongelados

Siguiendo desde arriba las manecillas del reloj: Helado de coco (p. 173), helado de mamey (p. 176) y sorbete de guanábana (en esta página).

Helado de mamey

Rinde aproximadamente 1/2 galón (foto en la página 170)

Es muy difícil encontrar mamey fresco así que use pulpa congelada para hacer este helado que captura la belleza del color y sabor de esta fruta.

1. Ponga a calentar la leche condensada y la leche con crema en una olla casi al punto de ebullición. Mueva constantemente con una cuchara de madera o con un agitador hasta que pierda su opaques y quede claro. No hierva.

2. Deje enfriar.

3. Ya frío, añada la pulpa de mamey descongelada y mezcle bien. Vierta en un recipiente de plástico, cubra y enfríe por 24 horas.

4. Ponga la mezcla fría en una máquina de helados y siga las instrucciones de fábrica.

Ingredientes

1 lata (14 onzas) de leche condensada

2 tazas de leche con crema (*half & half*)

2 paquetes (14 onzas cada uno) de pulpa congelada de mamey, descongelados

Helado de coco

Rinde aproximadamente 3/4 a 1 galón (foto en la página 170)

El helado de coco nunca fue tan fácil de preparar como ahora. Tueste unas hojuelas de coco para ponerle de guarnición al helado antes de servir.

1. Tueste el coco en una sartén de teflón a fuego medio hasta que suelte su fragancia y se doren las hojuelas. No lo queme. Separe.

2. Ponga en una olla la crema de coco, la crema de leche para batir, el azúcar, la vainilla y el medio palito de canela. Cueza a fuego medio por 10-15 minutos hasta que espese un poquito, moviendo constantemente con una cuchara de madera.

3. Agregue las hojuelas de coco, mezcle bien y retire del fuego.

4. Vierta en un recipiente de plástico, cubra y enfríe por 24 horas.

5. Ponga la mezcla fría en una máquina de helados y siga las instrucciones de fábrica.

Ingredientes

1 taza de hojuelas de coco, sin azúcar

2 latas (13.4 onzas cada una) de crema de coco

3 tazas de crema de leche para batir (*whipping cream*)

1 1/4 tazas de azúcar

1/2 cucharadita de extracto de vainilla

1/2 palito de canela

Champola

Helado tropical en leche

Rinde 1 porción (foto a la izquierda, champolas de sabores varios)

Puede usar cualquier helado en esta receta, pero hágalo un poco más especial usando helados de frutas exóticas, como el mamey, la guanábana o el coco. Después de todo, este es el punto de hacerla "tropical".

1. Ponga las bolas de helado en un vaso alto de vidrio y vierta la leche sobre el helado. Sirva inmediatamente.

Ingredientes

2 bolas de helado del sabor de su elección

Leche

TÉCNICAS

Las siguientes técnicas le serán de utilidad si no está muy familiarizado con los procedimientos requeridos para preparar algunos de los platillos de este libro de recetas.

ASAR CHILES, AJOS, TOMATES, ETC.
Para añadir más profundidad de sabores a los platillos en Yucatán, es común asar chiles, tomates, cebollas, ajos, etc. Hágalo sobre la flama de la estufa, con un comal o en una sartén (tomará un poco más de tiempo si los asa en una sartén). No les quite la piel antes de asarlos. Cuando se asan tomates puede ser una labor un tanto cochambrosa, así que mejor hágalo sobre un comal o en una sartén. Asegúrese de que la temperatura no esté muy alta. Querrá que los chiles, ajos, tomates, etc., se cuezan por dentro y que se quemen por fuera. Si la temperatura está muy caliente se arriesga a que estos se quemen por fuera pero que estén crudos por dentro. Precaución: Asegúrese de trabajar en un área ventilada cuando esté asando chiles picosos (como los habaneros) ya que el humo de éstos es asfixiante. Y use guantes de plástico para manejarlos.

HACER TORTILLAS
Use masa de maíz para tortillas (ver glosario) y haga unas bolitas del tamaño de pelotas de golf. Abra la prensa para tortillas y ponga un pedazo de plástico adherente en la base interior. Coloque una bolita de masa sobre la base interior de la prensa y ponga encima otro pedazo de plástico para tapar la bolita. Cierre la prensa y presione hasta formar una tortilla del grosor y tamaño deseado. Si no tiene una prensa de tortilla, use un molde para pastel o la base de una sartén. Asegúrese de presionar la masa entre dos capas de plástico adherente (u hojas de plátano). Si olvida hacer eso, tendrá que raspar la masa de la prensa o del molde. Para hacer panuchos, salbutes y pastelitos de atropellado (ver recetas), fíjese en el tamaño requerido para las bolas de masa, Y note que para algunos tamales se sustituirá el plástico adherente por hojas de plátano.

MANEJAR CHILES HABANEROS
Ya que los chiles habaneros son muy picosos, es buena idea manejarlos con precaución. Aquí les presentamos algunos consejos para manejar chiles picosos, como los habaneros:

- Use guantes de plástico cuando maneje chiles.
- Advierta a sus invitados cuando le haya añadido chile habanero (u otro chile picante) a sus platillos.
- Ofrezca chile habanero y salsas picosas a un lado de la comida, permitiendo así que cada quien lo añada a su comida bajo su propio riesgo.
- Si no usa guantes al manejar chiles, no se rasque los ojos y tengan mucho cuidado al ir al baño (especialmente, los hombres).

MOLER ESPECIAS, HIERBAS Y CHILES
Al moler especias, hierbas y chiles antes de usarlos, realza sus aromáticos sabores y por ende mejora también él de los platillos. La mejor manera de hacer esto es usando un molcajete y tejolote (ver herramientas) o mortero. La textura obtenida usando este tradicional método es muy distintivo. Pero por conveniencia, o para preparar cantidades grandes, puede usar procesadores de comida o hasta licuadoras. Para moler semillas o especias duras, el mejor sustituto sería un molino de café.

PELAR CHILES
Para preparar chiles para rellenar, como para el chile x'katic relleno de cazón, se le pide que le quite la piel a los chiles. Para hacer esto, ase los chiles a fuego directo, en un comal o en una sartén hasta que se quemen uniformemente. Ponga los chiles en bolsas de plástico permitiendo que suden unos 10-15 minutos. Cuando saque los chiles, encontrará lo fácil que es quitarles la piel. Use sus dedos (póngase guantes de plástico), un cuchillo pequeño o frote los chiles con una toalla de tela limpia dentro de agua fría.

PELAR UN PLÁTANO MACHO
Los plátanos machos son más difíciles de pelar que los plátanos regulares. Para pelarlos, corte primero las dos puntas. Luego con la punta de un cuchillo, haga unos cortes a lo largo de la piel, con cuidado de no cortar la fruta. Retire la piel por partes. Mientras más maduros estén los plátanos machos, más fáciles serán de pelar.

PIBIL
Pibil es una forma tradicional de cocinar de los mayas que ha sobrevivido hasta la actualidad. En esencia es cocinar carne en unas fosas que le permitía a los cazadores cocinar y preservar carnes hasta que ellos pudieran regresar a sus hogares. Ahora es más común que las fosas sean cavadas cerca de la casa y usar cerdos domesticados o cortes de puerco. Las amas de casa estarán felices al saber que se han desarrollado técnicas más fáciles para capturar la esencia del pibil en la estufa o en el horno. La palabra maya "pibil" quiere decir "enterrado". "Pib" quiere decir "fosas". Para más información sobre pibil, consulte el recuadro en la página 83.

PREPARAR HOJAS DE PLÁTANO FRESCAS
Las hojas de plátano se usan para envolver tamales o carnes para cocinar. Las hojas de plátano frescas se tienen que suavizar primero. La manera más fácil de hacer esto es pasando rápidamente las hojas sobre la flama de la estufa. Tenga cuidado de no quemar las hojas. También las podría escalfar en agua hirviendo por unos segundos. Cualquiera de estos métodos harán las hojas de plátano más flexibles para manejar y para envolver. Para su

conveniencia, considere usar hojas de plátano congeladas por que solo necesitará descongelarlas. Para más consejos, consulte también "Conociendo su hoja de plátano" en la página 128.

PRUEBA DE LA TORTILLA Éste es mi método para probar si las carnes se han cocido y están suaves. Tomo una tortilla y pellizco un pedazo de carne. Si la carne se desprende fácilmente con la tortilla, la carne está lista.

TIRAS DE TORTILLAS Las tiras de tortilla crujientes y doradas son excelentes para ponerle a las sopas, y son muy fáciles de hacer. Solo haga una pila de tortillas de maíz y córtelas en tiras delgadas. Separe las tiras y fría en aceite caliente hasta que queden crujientes. Escurra sobre toallas de papel y espolvoree un poco de sal sobre ellas.

TOSTADAS Las tostadas son tortillas planas, fritas y crujientes. Se le puede poner encima frijoles, carnes, lechuga, aguacates, etc. Aquí se usan como capas en platillos como los huevos motuleños y el pollo ticuleño (ver recetas). Las tostadas saben mejor si son hechas en casa. Simplemente fría tortillas de maíz en aceite vegetal hasta que doren y escúrralas sobre toallas de papel. Si las compra, evite las "tostadas" que tienen un color amarillo uniforme.

UTENSILIOS

Aunque es divertido tener utensilios de cocina especializados, no siempre se necesitan. Aquí mencionamos algunos, pero también le decimos como improvisar usando los que ya tiene en su cocina.

COMAL El comal es como una plancha plana y es un utensilio que se ha usado desde hace mucho tiempo en México para cocer tortillas y tostar chiles, especias y verduras. La palabra "comal" viene del náhuatl "comalli". Si va a comprar un comal, busque los que son de hierro fundido, aluminio o de acero de carbono. Compre un comal ya curado o puede curarlo usted antes de usarlo. Busque por Internet consejos para curar utensilios de cocina. También podría usar una plancha o sartén.

GUANTES DE PLÁSTICO Siempre es bueno tener guantes de plástico a la mano ya que nos pueden servir para muchos propósitos. Úselos para manejar chiles y así evitar que el picor se pase a sus dedos y manos. Úselos para mezclar ingredientes y mantener sus manos limpias. También le aconsejamos usarlos cuando esté cocinando con recado rojo para que no le manche los dedos y manos. Le recomiendo usar guantes de plástico o de látex que vienen en tallas variadas, así puede encontrar unos guantes que le ajusten. Podría comprar los guantes económicos que son transparentes y de plástico, pero tal vez se resbalen y se le salgan fácilmente de sus manos.

MOLCAJETE Esta es una versión mexicana de un mortero. El molcajete es un "tazón" redondo de tres patas que fue usado en todo Mesoamérica para moler chiles, especias y para mezclar salsas. Aunque los primeros molcajetes eran comúnmente hechos de cerámica, ahora estamos más familiarizados con los hechos de pesadas rocas volcánicas. En lugar del molcajete, podría usar procesadores de comida o licuadoras, aunque los aficionados a la comida mexicana prefieren la textura de una salsa hecha en un molcajete.

PRENSA PARA TORTILLA La prensa para tortilla es un buen utensilio para tener en su cocina. No solo es útil para hacer tortillas si no también hacer panuchos, salbutes, tamales, empanadas y pastelitos de atropellado. Lo que hace básicamente es aplastar una bola de masa haciéndola plana y perfectamente redonda. Son hechas de hierro forjado, aluminio y madera. También han hecho una prensa eléctrica que no solo aplasta la tortilla, pero la cuece al mismo tiempo. Las que son de hierro forjado son muy buenas ya que su peso hace que no tenga que esforzarse tanto al cerrarla. De cualquier manera, las puede encontrar en super mercados latinos o por Internet, y son económicas, con excepción claro, de la prensa eléctrica. Si no tiene una prensa para tortilla, podría usar un molde para pastel o una sartén. Consulte la sección de técnicas sobre el cómo hacer tortillas.

TAMALERA Una tamalera es una vaporera diseñada para cocer tamales al vapor. La puede encontrar en mercados latinos o por Internet. En muchas casas mexicanas, las vaporeras se improvisan usando ollas y moldes para pastel a los que le hacen hoyos. La tamalera es perfecta para cocer arrolladitos de repollo al vapor. Sin embargo, es mejor usar vaporeras rectangulares para que pueda acomodar los tamales en capas completamente planas. Estas vaporeras rectangulares son muy beneficiosas para los tamales yucatecos.

TAZONES Y RECIPIENTES NO REACTIVOS Como se podrá imaginar, es mejor usar recipientes no reactivos como de vidrio o acero ya que estará haciendo muchos marinados con ingredientes ácidos como vinagre y jugos cítricos. También podría usar recipientes especiales de plástico para comida, de cerámica, o de aluminio anodizado (no aluminio regular).

GLOSARIO

ACEITE DE SEMILLA DE CALABAZA
El aceite de semilla de calabaza para cocinar está hecho con las semillas secas de calabaza que son prensadas para producir un aceite verde con sabor anuezado. Se puede hacer hirviendo las semillas y sacando el aceite que suba a la superficie. Claro, es más fácil si lo compra en alguna tienda de especialidades o por Internet. En este libro lo utilizamos para verter un chorrito del aceite sobre los papadzules (p. 36) o en platillos "en pipián" para darle un toque más especial. También vea "semillas de calabaza".

ACHIOTE
El achiote es un arbusto que produce las vainas que contienen las semillas de anatto o achiote. Estas pequeñas y duras semillas tienen un vivo color castaño y son usadas en la cocina por su color y sabor. En Yucatán, las semillas molidas son mezcladas con especias y vinagre o jugos cítricos para hacer una pasta (recado rojo, p. 12) que es el ingrediente emblemático de la cocina de la región. Su nombre latino viene del conquistador español que exploró el río Amazonas, Francisco de Orellana. Consulte el recuadro de la página 84.

AGUACATE
El árbol de aguacate es nativo de América Latina y produce la fruta que se usa para hacer guacamole o se usa como guarnición, ya sea en cubos o rebanadas. Se creé que se originó en el sur de México. Técnicamente, es una baya grande con una semilla igualmente grande. La palabra "aguacate" viene del náhuatl "ahuacatl" que significa "testículo". Para los aztecas, era una "fruta de la fertilidad" y por eso su nombre. Los aguacates son muy duros cuando están verdes pero maduran muy rápido (póngalos en una bolsa de papel para acelerar el proceso de maduración). Para saber si está maduro, presione el aguacate y si cede ligeramente a la presión es que ya está maduro. De las variedades más populares se encuentran el Hass y el Fuerte. Evite los aguacates grandes como pelotas de fútbol americano que son populares en América Latina para hacer postres y batidos.

AL SIKBAJ – Ver "escabeche".

ALCAPARRADO
"Alcaparrado" se refiere generalmente a los platillos con influencia mediterránea que contengan aceitunas, alcaparras, ajo y pasitas.

BARRA DE FRANCÉS O PAN FRANCÉS
El pan de preferencia en Yucatán, que muestra claras influencias europeas en la península, es el pan francés, también llamado "barra de francés". A este pan se le colocan encima tallos de palma de guano a lo largo de cada barra para así no tener que hacerle los tradicionales cortes superficiales. Las barras son más delgadas que los bolillos, que los hacen buenos sustitutos. También ver "bolillo".

BOLILLO
El bolillo es un pan típico de México. Es ancho y ovalado, crujiente por fuera y suave por dentro. Probablemente es el pan que se puede encontrar con más facilidad en las panaderías latinas. Pero recuerde, el pan francés es él que tiene más parecido con él que se consume en Yucatán. De cualquier manera, los bolillos son muy buenos para hacer tortas (sándwiches) o servirlos calientes como acompañamiento de platillos.

CAL/CAL VIVA
La cal u oxido de calcio (CaO) es un compuesto químico que ha sido usado por miles de años. En Mesoamérica se usaba para tratar el elote en un proceso llamado "nixtamalización". Este proceso consiste en remojar los granos de maíz en cal para disolver la cubierta exterior del maíz dando como resultado granos de maíz más blancos y tiernos que se usan para hacer masa para tortillas, tamales, pimes, etc. La cal también se utiliza en otras comidas como agente deshidratante o para endurecer. Es usado en la papaya en almíbar (p. 165) para ese propósito.

CALABACITA MEXICANA
Parecida al calabacín, tiene una piel delgada y un color verde pálido. Casi no tiene semillas y su carne es más blanca y dulce. El calabacín es un buen sustituto, aunque procure ajustar un poco las cantidades.

CARNE DE CAZA
La carne de caza (carne de animales que se cazan para consumir y que no son comúnmente domesticados) se encontraba en la dieta regular de los antiguos mayas ya que no se dedicaban a la cría de animales en gran escala. Por lo tanto, tomaban ventaja de lo que la fauna les ofrecía como los venados de cola blanca, los pecarís, los armadillos, las iguanas, las pacas (*tepezcuintle*), los coatís, las tortugas, los pavos salvajes y otras aves silvestres. Los mayas también consumían huevos de reptiles y de diversas aves silvestres. Por el lado inusual, los mayas, al igual que otras culturas aledañas, comían perros (el

xoloitzcuintle, que es una raza sin pelo) e insectos. En las recetas que contienen venado, que son incluidas en el capítulo 7, nos familiariza con los diversos alimentos que los mayas acostumbraban comer.

CARNE DE VENADO – Ver "carne de caza".

CAZÓN
El cazón es un tipo de tiburón. Desafortunadamente, en algunas partes del mundo se ha pescado en exceso y ya es considerada una especie en peligro de extinción. Independientemente de esto, no es un pescado fácil de encontrar en los mercados. Yo recomiendo usar como sustitutos otros pescados blancos como el huachinango, mero o halibut. También podría usar atún enlatado. El termino "cazón" se usa en las recetas por ser platillos muy tradicionales.

CEBOLLAS – Ver "cebolla roja".

CEBOLLA ROJA
La cebolla roja es la más usada en Yucatán después de la blanca. Ambas son más dulces y menos fuertes que la cebolla amarilla o española. Se sigue debatiendo su lugar de origen. Unos creen que se originó en el centro de Asia y otros que en el Medio Oriente. De cualquier manera, las cebollas silvestres son encontradas en todos los continentes. Las cebollas fueron introducidas por los españoles primero por las Antillas y eventualmente se esparcieron por todo América. El nombre viene del latín "unio" que significa "perla grande".

CHAYA
La chaya es un arbusto originario de la península de Yucatán. Sus hojas se usan para cocinar. Sin embargo, las hojas de chaya crudas son tóxicas, así que es muy importante cocerlas antes de usarlas y comerlas. Consulte el recuadro de la página 136. Las espinacas, ya sean frescas o congeladas, son un buen substituto de la chaya para las recetas de este libro.

CHAYOTE
El chayote viene del náhuatl "chayotli" que quiere decir "calabaza espinosa". Se le da un uso en la cocina parecido al que se le dan a las papas. Son nativos de Mesoamérica y jugaron un importante papel en la dieta de los mayas. Escoja los que estén suaves, que sean de color verde pastel, y que no tengan espinas. Pelarlos es opcional. Su semilla tiene muy buen sabor. Su raíz, tallo y hojas también son comestibles.

CHILES
Los chiles son originarios de América, tal vez fueron domesticados desde hace 6,000 años según algunas evidencias arqueológicas descubiertas en Ecuador. Probablemente Cristóbal Colón y sus acompañantes fueron los primeros europeos en probarlos. Fueron introducidos a Europa, abriéndose camino por todo el mundo, donde son cultivados y se han vuelto parte integral de muchas cocinas. Los chiles mencionados aquí son los que se usan comúnmente en Yucatán y en este libro de cocina. Consulte también en el glosario "escala de Scoville".

CHILE DE ÁRBOL
Cuando este pequeño chile de color rojo vivo madura es más picoso que un chile serano. Tiene un rango de 15,000–30,000 unidades en la escala Scoville. Se usa fresco, seco o en polvo, y es muy fácil encontrarlo en los supermercados. Su nombre hace referencia a sus ramas que se asemejan a las de un árbol. Las bonitas "ristras" y las guirnaldas son muchas veces hechas con chiles de árbol secos.

CHILE DULCE – Ver "pimientos".

CHILE GUAJILLO
Es un chile seco, color café rojizo. Son igual de picosos que los chiles jalapeños y son usados comúnmente en sopas y guisados. Generalmente se tuestan o se remojan en agua tibia antes de usarlos. Ya que su piel es más gruesa, tal vez necesite remojarlos más tiempo del que se tomaría con otros chiles secos.

CHILE HABANERO
Estudios revelan que el chile habanero (*Capsicum chinense*) se originó en la cuenca del Amazonas. Pasó por varias partes de Sudamérica hasta llegar al Caribe. Posteriormente llegó a México y a la península de Yucatán. Probablemente fue introducido a México mediante intercambios comerciales entre grupos indígenas durante tiempos prehispánicos. Otros piensan que fue por medio del comercio marítimo después de la Conquista. De cualquier manera, es muy apreciado en Yucatán y juega un papel importante en sus tradiciones culinarias. Hoy en día, Yucatán es el principal productor de chile habanero en México. Es un chile muy picoso, con un rango de 150,000–325,000 unidades en la escala Scoville, comparado con el jalapeño que solo tiene un rango de 2,500–8,000 unidades en la misma escala. Son verdes cuando están tiernos, escoja los habaneros de color naranja o rojo, de piel firme y con forma de una linterna pequeña. Use guantes de plástico al manejarlos, y tenga

mucha precaución al cocinarlos. Y no, el chile habanero no se originó en la Habana y tampoco en China.

CHILE SERRANO
El chile serrano se originó en las montañas o serranías en los alrededores de los estados mexicanos de Hidalgo y Puebla, en el centro de México, y de ahí su nombre. Estos pequeños chiles son al principio verdes y al madurar se vuelven rojos, amarillos, naranjas o cafés. Son más picosos que el chile jalapeño, con un rango de 8,000–22,000 unidades en la escala Scoville. Así que maneje y sírvalos con precaución.

CHILE X'CATIC (CHILE GÜERITO)
Los "chiles güeros" es el nombre común que se le da a los chiles amarillos o verdes claro. En Yucatán, se le llama "chile x'catic" a una variedad regional de este chile. A veces son picosos y otras veces no. Un buen sustituto de este chile sería el chile húngaro.

CHORIZO - Ver "longaniza".

CILANTRO
Es la única especie del género *Coriandrum* y es una hierba usada en todo México. Es nativa de Europa, Suroeste de Asia y del Norte de África y se ha usado desde hace 5,000 años. Ha sido mencionado en la Biblia. Compre cilantro que esté lo más fresco posible, evitando él que tenga tallos suaves y hojas cafés. El tamaño de cada atado de cilantro varía, así que ajuste las recetas como sea necesario.

CREMA DE COCO
La crema de coco que viene de la carne del coco procesada es lechosa y dulce. Viene en latas de 14 onzas. A veces la crema puede separarse y subir a la superficie; solo sacuda la lata antes de abrirla. También podría usar leche de coco enlatada.

EPAZOTE
El epazote es una hierba originaria de América, conocida y utilizada por los aztecas bajo el nombre náhuatl de "epazotl", de donde proviene su nombre actual. Aparte de utilizarlo en la cocina, también era usado con propósitos medicinales. Se usa comúnmente en platillos de frijoles para combatir los gases. Aquí lo usamos para darle sabor a ciertos platillos y con propósitos decorativos. Es también conocido como "paico". Es fácil de encontrar epazote fresco en los supermercados, pero también, puede encontrar epazote seco por Internet. Una cucharadita de hojas secas de epazote equivale aproximadamente a una ramita o siete hojas de epazote fresco. Por supuesto, es mejor si lo compra fresco.

ESCABECHE
Escabeche se refiere a las comidas que son marinadas en un líquido ácido. La acidez puede venir de vinagre o jugos cítricos, como él de la naranja agria o de la lima agria como se usa en Yucatán. Consulte el recuadro en la página 66.

ESCALA DE SCOVILLE
Wilbur L. Scoville fue un farmacéutico que desarrolló en 1912 un método para medir la cantidad de picante de un chile llamado Examen Organoléptico Scoville. Algunos científicos criticaron su método de prueba ya que es basaba en la tolerancia de la lengua humana y era considerado muy subjetivo. En la industria del chile, muchos usan una valoración más objetiva producida por una máquina de cromatografía líquida de alta eficacia. De cualquier manera, la escala Scoville sigue siendo la escala más conocida para medir el picante de un chile. Ver también "chiles".

ESPECIAS - Ver "hierbas y especias".

ESPINAZO (de puerco y de res)
Los espinazos le añaden sabor a los caldos, sopas y guisados. Usualmente no se sirven con la carne que lleve el platillo. Pero tienen bastante carne que al ser cocidos saben muy ricos. Así que no los tire. Guárdelos para que usted o algún invitado aventurero disfruten. Nada más recuerde tener cuidado con los huesos pequeños.

FÉCULA DE MAÍZ
Fécula de maíz es un polvo fino que se usa en la comida para espesar salsas o sopas. La marca más popular de fécula de maíz es la Maizena (o Maicena). Esta marca es tan conocida que se ha vuelto la marca genérica. Es decir, la marca se ha convertido en el nombre genérico de este ingrediente. Así que le puede llamar como guste—"fécula de maíz" o "maicena".

FIDEOS
En muchas partes de Sudamérica, el fideo es una pasta delgada similar al vemicelli que viene enrollado. Podría usar espagueti como sustituto. Son tostados o salteados en aceite antes de usarlos.

FRIJOLES NEGROS
Los frijoles negros son parte de un grupo diverso de leguminosas y son nativos del Nuevo Mundo. Los frijoles preferidos en Yucatán son los frijoles negros. El frijol ha sido cultivado en América por miles de años y tal vez se haya originado en Perú. Están llenos de proteínas y son muy fáciles de cocinar. Consulte el recuadro de la página 149.

FRUTAS TROPICALES - Consulte la lista por separado para guanábana, lima agria, mamey, maracuyá, naranja agria, papaya, pitaya y plátanos machos.

GALLETAS GLOBITOS

Las galletas Globitos en Yucatán son como las muy populares galletas en forma de peces de Estados Unidos. Son óvalos huecos de 1/2 pulgada de largo. Le dan un sabor especial a las sopas, especialmente a la crema de chaya (p. 49). Puede usar galletas saladas chiquitas como sustituto.

GALLETAS MARÍAS

Las galletas Marías son galletas sencillas, planas y redondas que tienen estampadas su nombre y un diseño complejo. Son baratas, muy buenas para remojar en leche y son usadas en/o para acompañar postres. A los niños les encanta. Como es un estilo de galleta, las encontrará en los supermercados con diversos nombres de damas y de marcas. En Yucatán, también se usan las galletas Marías para empanizar carnes como si fuera pan molido o Panco, que también los podría usar como sustitutos aunque no le dará el mismo sabor. Los récords de historia muestran que esta galleta fue creada en el siglo XIX en Inglaterra para celebrar la boda del Duque de Edimburgo y de la Duquesa de Rusia. Estas galletas son también conocidas por su nombre en ingles "Marie biscuits". Primero se hicieron populares en Europa, especialmente en España. Ahora se disfrutan en todo el mundo.

GARBANZO

El garbanzo es una leguminosa comestible alta en proteína. Por miles de años se ha aprovechado su sabor anuezado y su suave textura. Si ya ha comido humus ya ha disfrutado de las cualidades del garbanzo. Los garbanzos los puede encontrar secos o en lata.

GUANÁBANA

La guanábana, o anona de México, es un árbol de hoja perenne del Caribe, México, Centro y Sudamérica. La pulpa de su fruto es cremosa y tiene un sabor que algunos describen como una mezcla entre fresa, piña y cítricos. Es parecida a la chirimoya. De hecho, las dos son de la familia de las *Annonas*. Para su conveniencia, compre la pulpa congelada de esta fruta en mercados latinos o asiáticos. Búsquelas también con el nombre de *graviola*, chirimoya brasileña o anona de la India.

HIERBAS Y ESPECIAS

Ciertas hierbas y especias son usadas frecuentemente en la cocina yucateca. Entre las hierbas más comunes se encuentran: El cilantro, el epazote, la hierbabuena y el orégano. El epazote es nativo de América Latina. (Consulte "cilantro" y "epazote".) Entre las especias más usadas se encuentran: La pimienta gorda, la canela, el clavo, el comino, la pimienta negra, el azafrán y la vainilla. La pimienta gorda es nativa del sur de México, América Central y las Antillas. La vainilla es originaria de México y fue cultivada en Mesoamérica. La mejor opción es usar hierbas frescas, sin embargo, puede también utilizar hierbas secas. Ya que las hierbas secas son más concentradas que las frescas, la regla general es usar 1 por 3 tantos. Ej: 1 cucharadita de hierbas secas por 3 cucharaditas (o 1 cucharada) de hierbas frescas.

HOJAS DE PLÁTANO

En Yucatán las hojas de plátano son usadas para envolver tamales y para cocer u hornear carnes. Es más fácil usar hojas congeladas, ya que lo único que tendría que hacer es descongelarlas antes de usarlas. Las puede encontrar en los supermercados latinos y asiáticos. Si usa hojas de plátano frescas, las tiene que suavizar primero. Consulte en la sección de técnicas sobre como "preparar hojas de plátano frescas". Para más información sobre las hojas de plátano, vea la página 128.

JAMAICA

Es una especie de hibisco nativo de América. En México se usa la flor seca, o más específicamente, los sépalos y cálices para hacer bebidas. El agua de jamaica (p. 157) tiene un bonito color borgoña y es un poco diurética. Puede conseguir la jamaica en los supermercados latinos ya sea en paquetes o por libra. Evite comprar las mezclas en polvo.

JÍCAMA

La jícama es una planta leguminosa nativa de México. La mayoría de la gente conoce su raíz comestible, que usualmente se come cruda. Después de abrirse camino al resto del mundo, se ha vuelto muy popular, particularmente en Asia. La jícama tiene un ligero sabor dulce como la de una pera o manzana. Parece un nabo grande. Escoja los tubérculos que estén firmes, con las raíces secas y que su piel no esté magullada. Pele las jícamas antes de comerlas. (Ver foto en la página 19).

KIBIS

Los kibis son la versión yucateca de lo que en otras partes del mundo se conoce como *kibbeh* o *kibbe*. Es un legado de la comunidad libanesa establecida ya por muchos años en Yucatán. Los kibis (p. 30) son unas tortitas fritas de carne (carne de res) y trigo (bulgur) que son perfectos como aperitivos o como una comida ligera.

LECHUGA OREJONA VERDE

Esta lechuga es la que más se consume en Yucatán. Sus hojas enteras se usan para decoración de platillos y en tortas (sándwiches) y también se pican para usar como guarniciones. Procure comprar las cabezas de lechuga que tengan sus hojas firmes y arrugadas.

TÉCNICAS/UTENSILIOS/GLOSARIO 179

LIMÓN
Los limones (*limes* en inglés) son frutas cítricas comunes, que son muy usadas en la comida yucateca. El jugo y su cáscara son usados como ingredientes, y sus rodajas y rebanadas como decoración de muchos platillos. Aunque con los limones que encuentre en el supermercado obtendrá buenos resultados, los limones marcados como persas, criollos o mexicanos tienen un sabor más similar a los limones de Yucatán. Curiosamente, las limas (*lemons* en inglés) no son comunes en Yucatán. Ver también "lima agria" y el recuadro en la página 114.

LIMA AGRIA
Es un limón amargo y parte de los cítricos que distinguen muchos de los platillos yucatecos. Tiene protuberancias en la piel y es muy agria y fragante. En la cocina yucateca es como la hermana de la naranja agria. Si no puede encontrar limas agrias, use limones regulares.

LONGANIZA
La longaniza es un embutido usado en algunas recetas en Yucatán. Generalmente se hace con carne de res y de puerco y es sazonado con recados. El chorizo mexicano sería un buen sustituto.

MAICENA - Ver "fécula de maíz".

MAMEY
El mamey es una fruta tropical originaria de México, Centro América y el Caribe. Su piel es café y áspera, lo que es un contraste con su carne que es un vivo color naranja quemado con textura similar al camote horneado. Puede sacarle la carne con una cuchara para comerla sola, o usarla en licuados, malteadas, helados y otros postres. Su semilla es muy bonita—grande, brillante y lisa. Si encuentra mameyes frescos, escoja los que estén firmes pero que cedan un poquito al presionarlos. O compre la pulpa congelada.

MARACUYÁ
El maracuyá, o fruta de la pasión, viene de una planta trepadora y es originario de América Latina. Los que se encuentran más comúnmente en Estados Unidos son del tamaño de un limón y son morados por fuera. Cuando maduran, su piel queda arrugada. Al abrir la fruta, se revelan sus pequeñas semillas negras nadando en su pulpa viscosa, que es donde se encuentra todo el sabor. Son caras, así que su pulpa congelada es una opción un poco más económica.

MASA DE MAÍZ
La masa de maíz que ya ha pasado por el proceso de "nixtamalización" (granos secos de maíz con cal o ceniza) es el principal ingrediente para las tortillas y tamales. Busque una tortillería para comprar la masa de maíz. Viene en varias formas, como "para tortillas", "para tamales" o "masa preparada para tamales" (con manteca y ya sazonada). También puede comprar la masa harina (harina de maíz) que requiere de agua y sal para hacer la masa (ver "masa harina"). No se confunda con la fécula de maíz (maicena) que se usa comúnmente para espesar. Consulte el recuadro en la página 133.

MASA HARINA
La masa harina (o harina de maíz) es harina de maíz finamente molida que se usa comúnmente para hacer tortillas y tamales. Lo único que tiene que hacer es añadir agua y sal para preparar la masa. Si no puede encontrar la masa de maíz ya lista para usar, siga las direcciones de la parte de atrás de la bolsa de masa harina para hacer la masa, y después siga las direcciones de las recetas que pidan masa de maíz. Dos tazas de masa harina (que rinde para 16 tortillas aproximadamente) le dará más o menos una libra de masa. También se puede usar para espesar. Consulte el recuadro en la página 133. No confunda con fécula de maíz (maicena).

MASA PARA VAPORCITO
La masa para vaporcito es la masa que se usa para hacer tamales llamados vaporcitos de pollo, vaporcito de espelón y vaporcito de chaya. Pero también es la masa que se usa para hacer el tamal horneado. Así que prepárese para consultar seguido esa receta (p. 129).

MÉDULA ÓSEA (tuétano)
La médula ósea es el tejido esponjoso que se encuentra dentro de los huesos. Lo puede encontrar en la mayoría de los supermercados. Si no, pregunte a su carnicero por ella, y también podría cortar los huesos por usted. La médula ya cocida se desprende fácilmente del hueso, es muy rica y se derrite en la boca.

MEDIA CREMA
Es una crema un poco espesa que se venden en latas de 7.6 onzas. No es dulce y le añade un toque cremoso a los platillos. La puede sustituir por crema o leche con crema (*half & half*).

NARANJA AGRIA
La naranja agria es nativa del sur de Asia. Es también conocida como "naranja de Sevilla", "naranja bigarada", "naranja cachorreña" o "naranja cajera". Su piel es rugosa, áspera y al pelarla es muy aromática y agria. La llaman el patito feo de las naranjas. En Yucatán, se usa el jugo de esta fruta para humedecer recados, para marinar carnes y, en lugar de vinagre, para curtir cebollas. Es muy difícil de encontrar en la mayoría de los supermercados, pero puede encontrar el jugo de naranja embotellado, o simplemente sustituya con jugo de limón.

PALMA DE GUANO
Son diferentes especies de palmeras originarias del Caribe y de México. Los mayas usaban estas palmas para hacer "pibs" (huecos subterráneos). Las secciones duras de las palmas se usan para crear los cortes superficiales de las barras de francés en lugar de hacerlas con un cuchillo o con un filo.

PAN DE SÁNDWICH
En Yucatán se le conoce como pan de sándwich al pan blanco sin sus características orillas. Es muy popular para hacer sándwiches, especialmente para hacer sándwiches de pavo asado. Puede sustituirlo por pan blanco regular.

PANZA DE RES
La definición no es nada apetecible: "El revestimiento del retículo (o segundo estomago) de un rumiante que se come". Pero cuando se limpia y se cuece de la manera apropiada, puede ser deliciosa. La puede comprar fresca o congelada.

PAPAYA
Esta fruta es nativa de América y fue cultivada primero en México. Tiene el tamaño aproximado de un balón de fútbol americano. Cristóbal Colón la llamó "la fruta de los ángeles". Busque las frutas cuyo color esté cambiando de verde a amarillo o naranja y que ceda ligeramente al presionarla. Es fácil de encontrar durante casi todo el año.

PEPITAS DE CALABAZA - Ver "semillas de calabaza".

PIMIENTA GORDA (TABASCO/INGLESA/ DE JAMAICA)
La pimienta gorda es nativa del sur de México, Centro América y las Antillas y es de las pocas especies nativas del Nuevo Mundo. Viene del fruto o bayas secas, verdes de un árbol de perenne. Las bayas verdes se secan en el sol. Cuando quedan cafés se parecen a la pimienta negra entera. Estas "semillas" secas les recordaban a los conquistadores españoles a la pimienta, creando una confusión entre el pimiento, la pimienta negra y los chiles dulces. Tiene aromas de canela, clavos, anís, nuez moscada y pimienta. Antiguamente se usaba para darle sabor al chocolate y también como ingrediente de embalsamamiento.

PIMIENTOS/CHILE DULCE
Los pimientos vienen en una variedad de colores, desde amarillo vivo hasta rojo oscuro. Los pimientos no son picantes, a diferencia de otras frutas de la familia *Capsicum*. Son nativos de América Latina. En Yucatán se usa el llamado "chile dulce" (ver foto en la página 81). Pero por ser muy difícil de conseguir fuera del estado, se puede sustituir por pimientos verdes o rojos.

PIPÍAN
Es un término que se usa en los platillos con salsa de semillas de calabaza. Ver "semillas de calabaza" y "aceite de semilla de calabaza".

PITAYA

La pitaya es un fruto de una variedad de cactus nativos de América Latina. Es también conocida como fruta del dragón. Las pitayas rojas o rosas tiene "escamas" verdes. Al abrirla se revela su carne blanca o roja llena de semillas pequeñas y comestibles. Son más fáciles de encontrar en los mercados de especialidades. Escoja las frutas que cedan ligeramente al presionarlas. Evite las que estén magulladas, con manchas cafés o con sus "hojas" o "escamas" quebradizas. La piel no se come.

PLÁTANO MACHO

También conocido como "plátano de guisar", este plátano es de la familia de las *Musáceas* pero es más grande y menos dulce que otras variedades de su misma familia. La fruta tiene una consistencia harinosa y es baja en azúcar. Se puede freír, hornear, asar o hervir al vapor antes de comerlo, pero no se comen crudos. Los venden en casi todos los supermercados donde los podrá encontrar desde verdes hasta casi negros, dependiendo de su estado de madurez. Son nativos del sureste de Asia. Para consejos de como pelar un plátano macho, consulte la sección de técnicas.

QUESO EDAM/QUESO BEBÉ EDAM
El queso Edam es un queso holandés que viene en forma de pelota y está cubierto por dos capas de cera, la exterior es de parafina roja. Las bolas de queso pesan entre 3 a 4 libras. Al añejarlo, su sabor se vuelve más fuerte, siendo más seco y salado que el queso Gouda. El queso Edam bebé es menos añejo, y es el queso de elección en Yucatán. Consulte la receta del queso relleno (p. 93) para informarse más sobre la historia de este queso en Yucatán.

RECADO ROJO
El recado rojo, también llamado "recado colorado" o "pasta de achiote", es omnipresente en Yucatán. Le da a la comida un sabor y color muy especial. Es hecho con semillas de achiote (ver "achiote"). En este libro, nos referimos al recado rojo como la pasta que contiene las semillas molidas de achiote, especias y vinagre o jugo de limón. Los recados hechos en casa son siempre mejores que los comprados en las tiendas.

RECADOS

Los recados son mezclas de hierbas y especias que son usados en marinados para la preparación de diversos platillos. Unos son más usados que otros (ver "recado rojo"). Mantenga los recados en un frasco u otro recipiente sellado. Si lo refrigera, le durará casi por tiempo indefinido. Consulte las recetas de recados en el capítulo 1.

SALPICÓN

En la cocina francesa, "salpicón" quiere decir que uno o más ingredientes han sido picados o cortados en cuadritos y mezclados con una salsa y usados como relleno. En Yucatán, esta definición solo llega hasta la parte de picar y mezclar. Salpicón puede referirse a rábanos picados, cilantro y jugo de limón (o de naranja agria o vinagre). Se usa como guarnición de sopas y guisados, añadiéndole una textura crujiente y un poco de acidez, o también se usa como clave para el salpicón de res o salpicón de venado (ver recetas).

SEMILLAS (O PEPITAS) DE CALABAZA

Las calabazas son originarias de América, y sus semillas se usaban como fuente de proteína y como aceite desde tiempos pre-colombinos. Hasta la fecha, se muelen, ya sea con cáscara o sin cáscara, tostadas o no. Los platillos que tienen en su nombre la palabra "pipián" generalmente se refiere a los que llevan salsa de semilla de calabaza. Las puede conseguir en los supermercados con cáscara, descascaradas o molidas. También las puede encontrar como botana ya sea tostadas, con sal y a veces con otros saborizantes. No las confunda con las semillas de girasol.

SOFRITO

El sofrito es una combinación de ingredientes que tiene la función de darle un sabor base a muchas recetas. El sofrito en Yucatán generalmente incluye tomates, cebollas, ajo y pimientos—o combinaciones variadas de estos ingredientes—que son rebanados, picados o cortados y luego salteados en aceite para fusionar los sabores. Muchas de las recetas piden entre sus pasos la preparación de un sofrito. No lo confunda con "sofrito de tomate" (p. 15). Si una receta no lo especifica, generalmente el sofrito se necesita saltear de 6 a 8 minutos para que se cueza por completo.

TAMAL (tamales)

Si conoce la cocina mexicana, seguro conoce los tamales: Masa de maíz rellena, envuelta en hojas de maíz, hojas de plátano u otro tipo de envoltorios, y cocidos al vapor. Se usan toda clase de rellenos, desde rellenos de carne, vegetarianos, hasta dulces. En Yucatán, se usan hojas de plátano para envolver los tamales tradicionales. Consulte el glosario y técnicas para más información sobre las hojas de plátano y el cómo prepararlas cuando están frescas. También vea la página 128.

TINTA DE PULPO

Para un pulpo, esta tinta ennegrecida es un mecanismo de defensa contra predadores. Para nosotros, es un ingrediente que le da un toque un tanto ahumado a los platillos con mariscos. Búsquelos en la sección de pescados y mariscos en los supermercados o tiendas de especialidades. Puede sustituirlo con tinta de calamar.

TOMATE ROMA

En Yucatán, el tomate favorito es el ovalado o en forma de huevo llamado tomate roma. Es mas ácido que el tomate de bola. También son más carnosos, tienen en su interior un contenido más solido y tienen pocas semillas. Por esta razón, es ideal para hacer salsas y guisados. Se puede conseguir durante todo el año. Escoja los tomates que estén firmes sin magulladuras.

TORTILLA/S (de maíz)

Las tortillas son "panes" planos y ácimos hechos de maíz molido. En Yucatán las tortillas preferidas son las de maíz, en muy pocas ocasiones se comen las tortillas de harina. Así que cuando se mencionen tortillas en este libro, siempre nos referimos a las tortillas de maíz. Aunque las tortillas hechas a mano recién salidas del comal son muy poco comparables con las pre-hechas y empaquetadas, estas últimas son más convenientes ya que las pueden encontrar en cualquier supermercado. Si quiere hacer sus propias tortillas desde el principio, puede comenzar con el proceso que consiste en remojar los granos de maíz en cal (ver "cal"), molerlos y amasarlos. O puede tomar una ruta mas fácil visitando una tortillería o usando masa harina (harina de maíz para tortillas o tamales) al que solo necesita echarle agua y sal. Consulte también "masa de maíz" y "masa harina".

TIRAS PARA TORTILLAS - Consulte la sección de técnicas.

TOSTADAS - Consulte la sección de técnicas.

TRIGO (bulgur)

El trigo (bulgur) es usado ampliamente en la cocina del Medio Oriente. La introducción de este trigo a la dieta yucateca y los kibis (p. 30) se le acredita a los libaneses cristianos que migraron al estado. Es vendido por tamaño, de grano fino (#1) a grande (#3). Consulte "kibis" en el glosario.

VAINILLA

Tiene sentido que algo tan fragante como la vainilla venga de una orquídea. Y esta orquídea es originaria de México. La vainilla fue cultivada por los mesoamericanos y es una de las extraordinarias cosas, junto con el chocolate, que Hernán Cortés llevó a Europa. Los primeros intentos de cultivar vainilla fuera de México fracasaron por la relación de dependencia mutua entre la enredadera de la orquídea de la vainilla y la abeja *Melipona*, que es una especie local. Una vez que con éxito se pudo polinizar manualmente, fue posible cultivar la vainilla en otras partes del mundo.

VENADO – Ver "carne de caza".

YUCATECO/S

Yucateco (o yucateca) es aquél que es de la península de Yucatán, del estado de Yucatán o como adjetivo para referirse a algo originario de Yucatán. Sin embargo, tome en cuenta, que cada estado que forma parte de la península de Yucatán tiene su propia identidad. A la gente de Campeche se les llama "campechanos" y a la gente de Quintana Roo se les llama "quintanarroenses". No confunda Yucatán con el "Mundo Maya", que engloba a las regiones pobladas por los mayas. El Mundo Maya, aparte de los estados de Yucatán, Campeche y Quintana Roo, también incluye los estados mexicanos de Chiapas y Tabasco y otros países de Centroamérica.

TABLA DE CONVERSIONES AL SISTEMA MÉTRICO

MEDIDAS DE VOLUMEN (SECO)

1/8 de cucharadita = 0.5 ml

1/4 de cucharadita = 1 ml

1/2 cucharadita = 2 ml

3/4 de cucharadita = 4 ml

1 cucharadita = 5 ml

1 cucharada = 15 ml

2 cucharadas = 30 ml

1/4 de taza = 60 ml

1/3 de taza = 79 ml

1/2 taza = 118 ml

2/3 de taza = 158 ml

3/4 de taza = 177 ml

1 taza = 237 ml

2 tazas = 1 pinta = 473 ml

3 tazas = 710 ml

4 tazas = 1 cuarto de galón = 1 litro

MEDIDAS DE VOLUMEN (LÍQUIDO)

1 onza fluida (2 cucharadas) = 30 ml

4 onzas fluidas = (1/2 taza) = 118 ml

8 onzas fluidas (1 taza) = 237 ml

12 onzas fluidas (1 1/2 tazas) = 355 ml

16 onzas fluidas (2 tazas) = 473 ml 1 cuarto de galón = 1 litro

1 galón = 3.8 litros

PESO (MASA)

1/2 onza = 14 g

1 onza = 28 g

3 onzas = 85 g

4 onzas = 113 g

8 onzas = 227 g

10 onzas = 284 g

12 onzas = 340 g

16 onzas = 1 libra = 454 g

1 libra = 454 g

DIMENSIONES

1/8 de pulgada = 3 mm

1/4 de pulgada = 6 mm

1/2 de pulgada = 1.5 cm

3/4 de pulgada = 2 cm

1 pulgadas = 2.5 cm

2 pulgadas = 5 cm

5 pulgadas = 12.5 cm

10 pulgadas = 25 cm

12 pulgadas (1 foot) = 30 cm

TEMPERATURA DEL HORNO

300°F = 150°C

325°F = 160°C

350°F = 180°C

375°F = 190°C

400°F = 200°C

500°F = 240°C

ÍNDICE

(los números en itálico se refieren a las páginas donde se encuentran fotografías)

A

Aceite de achiote, 139
Aceite de semilla de calabaza, 176
Achiote, 84, 176, *176*
Acompañamientos, ver capítulo 10
Agua de jamaica, *152*, 157
Aguacate, 176
Akat de codillos, 84, *85*
Al-sikbaj, 176, y ver "escabeche"
Albóndigas con fideos, *102*, 103
Alcaparrado, 176
Antojitos y entradas, ver capítulo 2 y 116
Arrolladitos de repollo, 32, *33*
Arroz, recetas de
 - Arroz blanco, *82*, 146
 - Arroz con azafrán, 147, *147*
 - Arroz con cebolla y tomate, 146, *147*
 - Arroz con cilantro, *147*, 148
 - Arroz con leche, *158*, 164
 - Arroz con plátanos fritos, *18*, 29
 - Moros y cristianos, *147*, 149
 - Sufle de arroz, 150, *150*
 - Horchata, *152*, 154
Arroz blanco, *82*, 146
Arroz con azafrán, 147, *147*
Arroz con cebolla y tomate, 146, *147*
Arroz con cilantro, *147*, 148
Arroz con leche, *158*, 164
Arroz con plátanos fritos, *18*, 29
Asar chiles, ajo, tomates, etc., 174

B

Barra de francés, 176
Bebidas, ver capítulo 11
Bebidas, ver capítulo 11
Bistec de cazuela, *96*, 98
Bistec de venado, 107
Bistec de vuelta y vuelta, 98, *99*
Bolillo, *43*, 176
Botana de semillas de calabaza molidas y tomates asados, ver "sikil pac"
Botanas, 116, y ver capítulo 2
Brazo de reina, 136, *137*
Buñuelos de yuca, 167, *167*
Buth negro de carne molida, 105, *105*

C

Caballeros pobres, 166, *166*
Cal/cal vivo, 176
Calabacitas fritas, *140*, 151
Calabacita mexicana, 176, *176*
Calamar/es
 - ensalada mixta de mariscos, 116, *117*
 - calamares en escabeche, 119, *119*
Calamar curtido, ver "calamares en escabeche"
Calamares en escabeche, 119, *119*
Caldillo de huevo, *40*, 41
Caldo de carnes surtidas, ver "chocolomo"
Caldo de pavo, 46
Caldo de pollo, 48
Caldos, ver capítulo 4
Camarones, ver capítulo 8, y
 - ensalada mixta de mariscos, 116, *117*
 - cóctel de camaornes, *117*, 120
 - camarones empanizados, 121, *121*
Camarones empanizados, 121, *121*
Carne, de caza, 176, y
 - bistec de venado, 107
 - pipián de venado, 108
 - sah kol de venado, 109
 - salpicón de venado, 110, *110*
Carne, de puerco, recetas de, ver capítulo 6, y
 - potaje de lentejas, 54, *55*
 - pavo en relleno negro, *76*, 77
 - pavo en relleno blanco, 78, *79*
Carne, de res, ver capítulo 7, y
 - kabic de res, 44, 61
 - mondongo kabic, 58, *59*
 - mondongo a la andaluza, 60, *60*
Carne molida, 104, *104*
Carne molida con recado negro, ver "buth negro de carne molida"
Cazón, 122, 177, y
 - empanadas de cazón, 23, *23*
 - chile x'catic relleno de cazón, *18*, 25
 - pan de cazón, 122, *123*
Cebolla para cochinita pibil, *82*, 142
Cebolla para panuchos, *22*, 142
Cebolla para poc chuc, *89*, 142
Cebolla picante de los Cetina, 54
Cebollas, ver "cebollas rojas"
Cebollas en cubos asadas y curtidas, ver "cebolla para poc chuc"
Cebollas picadas y curtidas, ver "cebolla para cochinita pibil"
Cebollas rebanadas y curtidas, ver "cebolla para panuchos"
Cebollas rojas, 177, y
 - cebolla para cochinita pibil, *82*, 142
 - cebolla para panuchos, *22*, 142
 - cebolla para poc chuc, *89*, 142
Cerveja/s, 153
Cetina, Gilberto, 7, 192
Cetina, Gilberto, Jr., 192
Champola, *172*, 173
Chaya, 136, 177, *177*, y
 - huevos con chaya, 38, *39*
 - crema de chaya, 49, *49*
 - vaporcito de chaya, *130*, 131
 - brazo de reina, 136, *137*
Chayote, 177, *177*
Chile de árbol, 177
Chile dulce, *81*, ver "pimientos"
Chile guajillo, 177
Chile güerito, ver "chile x'catic"

Chile güerito relleno de cazón, ver "chile x'catic relleno de cazón"
Chile habanero, *11, 97,* 177, *177*
Chile kut, 14, *14*
Chile serrano, 178
Chile x-catic relleno de cazón, *18,* 25
Chile x'catic, 178, *178*
Chiles, 177
Chilmole de puerco, 90, *91*
Chiltomate, 16, *89*
Chocolomo, 100, *101*
Chorizo, ver "longaniza"
Cilantro, 178
Ciruelas, 91
Cochinita pibil, *82,* 83
Cóctel de camarón, *117,* 120
Codillos de puerco marinados en achiote y horneados envueltos en hojas de plátano, ver "akat de codillos"
Codzitos, 24, *24*
Comal, 175
Conociendo su hoja de plátano, 128
Consomé de pavo, 46
Costillas de puerco en salsa de semilla de calabaza, ver "costillas en pipián"
Costillas en pipián, *80,* 87
Cráter de Chicxulub, 113
Crema de chaya, *49, 49*
Crema de coco, 162, *162*
Crema de garbanzo, *18,* 31
Crema española, *158,* 164
Curso básico para envolver tamales, 128
Curtido de repollo, *30,* 151

D

De la escritora, 9
Del chef, 7
Día de los Muertos, 127, 139
Díaz, Katharine A., 9, 192

E

Empanadas de cazón, 23, *23*
Empanadas de coco y camote, ver "pastelitos de atropellado"
Ensalada de jícama y cítricos, ver "xec"
Ensalada de papa, *18,* 29
Ensalada de pasta, 28, *28*
Ensalada de verduras, 145, *145*
Ensalada mixta de mariscos, 116, *117*
Ensaladas
 - ensalada de papa, *18,* 29
 - ensalada de pasta, 28, *28*
 - ensalada de verduras, 145, *145*
 - ensalada mixta de mariscos, 116, *117*
 - suflé de arroz, 150, *150*
 - xec, *26,* 27
Entradas, 116, y ver capítulo 2
Epazote, 178
Escabeche, 66, 178
Escala Scoville, 11, 178
Especias, ver "hierbas y especias"
Espelón, *127,* 131, y ver "vaporcito de espelón"

F

Fideos, 178
Flan, 160
Frijol con puerco, 86, *86*
Frijol kabax, ver "frijoles de la olla"
Frijoles, ver capítulo 10, y
 - crema de garbanzo, *18,* 31
 - frijol con puerco, 86, *86*
 - vaporcito de espelón, *130,* 131
 - frijoles de la olla, *82,* 143
 - frijoles negros guisados, 143
 - frijoles colados, *123,* 144
Frijoles colados, *123,* 144
Frijoles de la olla, *82,* 143
Frijoles negros, 149, 178
Frijoles negros guisados, 143

Frijoles negros y arroz blanco, ver "moros y cristianos"
Fruta, ver "frutas tropicales"
Frutas topicales, ver
 - guanábana, 179
 - lima agria, 180
 - mamey, 180
 - maracuyá, 180
 - naranja agria, 180
 - pitaya, 181
 - plátano (macho), 181

G

Galletas Globitos, *49,* 179, *179*
Galletas Marías, 179, *179*
Gallo Azul, ver "queso Edam"
Ganado, 97
Garbanzos, 31, 179
Glosario, 176
Guanábana, 179, y ver "sorbete de guanábana"
Guano, palma de, 83, 181
Guantes de plástico, 175
Guarniciones, 21 y capítulo 2
Guisos, ver "sopas y guisos"

H

Hanal Pixan, 127, 139
Hacer tortillas, 174
Helado de coco, 6, *170,* 173
Helado de mamey, *170,* 173
Helado tropical en leche, ver "champola"
Hierbas y especias, 179
Hígado encebollado, 106, *106*
Hojas de plátano, *127,* 179, y
 - cochinita pibil, *82,* 83
 - pollo pibil, 72, *73*
 - akat de codillos, 84, *85*
 - Conociendo su hoja de plátano, 128
 - ver "tamales", capítulo 9
 - Preparar hojas de plátano frescas, 174

Hojas de repollo rellenos de carne molida, ver "arrolladitos de repollo"
Horchata, *152*, 154
Huevos, recetas de, ver capítulo 3 y
- huevos con chaya, 38, *39*
- huevos con longaniza, 37, *37*
- huevos motuleños, 38, *39*
- papadzules, *34*, 36
Huevos con chaya, 38, *39*
Huevos con longaniza, 37, *37*
Huevos motuleños, 38, *39*

I
Ibes, *141*

J
Jamaica, 179, *179*
Jícama, *19*, 179

K
Kabic de res, *44*, 61
Kibis, 30, *30*, 179
Kol, ver "cal/cal vivo"

L
Leche de coco, ver "crema de coco"
Lechuga orejona verde, 179
Lima agria, *113*, 180, *180*
Limón, 114, 180
Limonada, 155
Longaniza, 180, y
- huevos con longaniza, 37, *37*
- potaje de lentejas, 54, *55*

M
Mamey, *159*, 180, y ver "mamey con leche"
Mamey con leche, 156
Manejar chiles habaneros, 174
Manjar blanco, 163, *163*
Maracuyá, 180, y ver "sorbete de maracuyá"

Mariscos, ver capítulo 8
Masa de maíz, 127, 180
Masa harina, 127, 180
Masa para tortillas, 127
Masa para vaporcito, 129, 180
Mazapán, 159, *159*
Media crema, 181
Miel, 180
Milanesa de puerco estilo Yucatán, ver "puerco empanizado"
Molcajete, 175
Moler especias, hierbas y chiles, 174
Moncho, 35, 42, *43*
Mondongo a la andaluza, 60, *60*
Mondongo kabic, 58, *59*
Moros y cristianos, *147*, 149
Mucbi pollo, *138*, 139
Mundo Maya, 183, *189*

N
Naranja agria, *113*, 180, *180*
Naranjada, *152*, 154
Noche Buena, menú de, 74
Notas sobre tamales, 128

O
Omelete de hierbabuena, ver "torta de huevo con hierbabuena"
Opciones para cocinar y servir flan y queso napolitano, 160

P
Pan de cazón, 122, *123*
Pan de sandwich (pan blanco, pan de molde), 74, 181
Pan francés, *35*, y ver "barra de francés"
Panuchos, 19, 20, *21*
Panza de res, 181
Papadzules, *34*, 36
Papaya, *153*, 181, y ver "papaya con leche"

Papaya con leche, 157
Papaya en almíbar, *158*, 165
Pasta de achiote, ver "recado rojo"
Pastelitos de atropellado, 6, 168, *169*
Patas de puerco capeadas, ver "pezuñas rebosadas"
Pavo, *62*, 63, *63*, 74
Pavo, recetas de, ver capítulo 5 y
- caldo de pavo, 46
- consomé de pavo, 46
- pavo asado, *62*, 74
- pavo en relleno blanco, 78, *79*
- pavo en relleno negro, *76*, 77
- sah kol de pavo, 75, *75*
Pavo asado, *62*, 74
Pavo asado con salsa blanca, ver "sah kol de pavo"
Pavo con albóndigas de puerco en recado blanco, ver "pavo en relleno blanco"
Pavo con albóndigas de puerco en recado negro, ver "pavo en relleno negro"
Pavo en relleno blanco, 78, *79*
Pavo en relleno negro, *76*, 77
Pelar chiles, 174
Pelar un plátano macho, 174
Península de Yucatán (mapa), *189*
Pepitas, ver "semillas de calabaza"
Pescado al carbón, ver "tikin xic"
Pescado empanizado, 124, *124*
Pescados y mariscos, ver capítulo 8, y
- chile x'catic relleno de cazón, *18*, 25
- empanadas de cazón, 23, *23*
Pezuñas rebosadas, *80*, 92
Pib, ver "pibil"
Pibil, 83, 174
Pico de gallo, 13, *112*
Pime, 36, *80*
Pimienta gorda, 181
Pimienta tabasco, ver "pimienta gorda"
Pimientos verdes y rojos, 69, 181

Pipián, 181
Pipián de venado, 108
Pitaya, *153*, 181, *181*, y ver "refresco de pitaya"
Plátano/s (machos), 181, *181*, y
- arroz con plátanos fritos, 29, *18*
- huevos motuleños, 38, *39*
- plátano con leche, 156
- plátanos fritos, *18*, 144, *158*
- plátanos fritos con crema, 144, *159*
- pollo ticuleño, 64, *64*
Plátano con leche, 156
Plátanos fritos, *18*, 144, *158*
Plátanos fritos con crema, 144, *159*
Poc chuc, 88, *89*
Pollo, recetas de, ver capítulo 5, y
- pollo con fideos, *50*, 51
- puchero de tres carnes, 56, *56*
- tamal colado de pollo, 134, *135*
- tamal horneado, *132*, 133
- mucil pollo, *138*, 139
Pollo alcaparrado, *50*, 65
Pollo asado, *70*, 71, *71*
Pollo con fideos, *50*, 51
Pollo con papas, 66, 69
Pollo en escabeche oriental, 66, *67*
Pollo en pipián, 68, *68*
Pollo en salsa de semillas de calabaza, ver "pollo en pipián"
Pollo estilo ticul, ver "pollo ticuleño"
Pollo marinado en achiote horneado en hojas de plátano, ver "pollo pibil"
Pollo marinado estilo Valladolid, ver "pollo en escabeche oriental"
Pollo pibil, 72, *73*
Pollo ticuleño, 64, *64*
Postres, ver capítulo 12
Puerco, ver "carne de puerco"
Puerco al carbón, ver "poc chuc"
Potaje de lentejas, 54, *55*
Prensa para tortilla, 175, *175*
Preparar hojas de plátanos frescas, 174

Prueba de tortilla, 175
Puchero de tres carnes, 56, *56*
Puerco al carbón, ver "poc chuc"
Puerco empanizado, *80*, 90
Puerco en salsa de recado negro, ver "chilmole de puerco"
Puerco entomatado, *80*, 92
Puerco marinado en achiote y horneado envuelto en hojas de plátano, ver "cochinita pibil"
Pulpo
- ensalada mixta de mariscos, 116, *117*
- pulpo en su tinta, 118, *118*
- tinta de pulpo, 182
Pulpo en su tinta, 118, *118*
Puré de frijoles, ver "frijoles colados"

Q

Queso de bola, ver, "queso Edam"
Queso Edam (bebe), *95*, 181, y ver "queso relleno"
Queso napolitano, 161, *161*
Queso relleno, 93, *93*

R

Recado blanco, ver "recado para bistec"
Recado colorado, ver "recado rojo"
Recado de achiote, ver "recado rojo"
Recado negro *10*, 12
Recado para bistec, *10*, 12
Recado para escabeche, 13
Recado para puchero, 13
Recado rojo, *10*, 12, 181
Recado/s, ver capítulo 1, y *10*, *81*, 182, *182*, 190
Recuadros
- Achiote: El color de Yucatán, 84
- Botanas: Pequeños bocadillos, 116
- Camarones: Criaturas del mar, 120
- Cazón: Pescar o no pescar, 122
- Chaya: Verde frondoso, 136

- Consejos de recado, 72
- Del lado salvaje, 110
- Donde se compone el mundo, 42
- Dulce miel, 165
- Escabeche: Delicioso y ácido, 66
- Guarniciones sagradas, 21
- La cebolla roja, 143
- La historia del pimiento, 69
- Limón: Tesoro cítrico, 114
- Los frijoles negros: Fuente de proteína, 149
- Masa de maíz, 133
- Menú para Nochebuena, 74
- Pavo: Ave de América, 74
- Pibil: Una manera de cocinar, 83
- Recados: Sorpresas de sabor, 12
- Tortillas . . . de maíz, 36
Refresco/s, ver capítulo 11, y
- Refresco de agua de naranja agria, 155
- Refresco de arroz, ver "horchata"
- Refresco de pitaya, 156
- Refresco de sandía, 156
Refresco de agua de naranja agria, 155
Refresco de arroz, ver "horchata"
Refresco de pitaya, 156
Refresco de sandía, 156
Repollo
- arrolladitos de repollo, 32, *33*
- curtido de repollo, *30*, 151
Res, ver "carne de res"
Restaurante Chichén Itzá, 9

S

Sah kol, 17, 75
Sah kol de pavo, 75, *75*
Sah kol de venado, 109
Salbutes, 22, *22*
Salpicón, 15, *101*, 182
Salpicón de res, 100
Salpicón de venado, 110, *111*
Salsa blanca, ver "sah kol"

Salsa de achiote para tamales, 16
Salsa de achiote para tikin xic, 16, *112*
Salsa de chile habanero, 14, *14*
Salsa de chiles habaneros asados, ver "chile kut"
Salsa de nariz de perro, ver "x'nipek"
Salsa de tomate, 15, *24*
Salsa de tomates asados, ver "chiltomate"
Salsa tártara (del restaurante Chichén Itzá), 17, *124*
Salsas, ver capítulo 1
Sándwich de huevo, jamón y queso, ver "moncho"
Semillas de calabaza, 182, y
 - aceite de semilla de calabaza, 176
 - brazo de reina, 136, *137*
 - costillas en pipián, *80*, 87
 - papadzules, *34*, 36
 - pipián de venado, 108
 - pollo en pipián, 68, *68*
 - semillas de calabaza (o pepitas), 182
 - sikil pac, *26*, 27
Semillas de calabaza tostadas con cáscara (molidas), *10*, 17
Semillas de calabaza tostadas sin cáscara molidas, *10*, 17
Sikil pac, 27, *27*
Sistema métrico (conversiones), 183
Sobre las recetas, 8
Sobre los autores, 7, 9, 192
Sobre las recetas, 8
Sofrito, 182
Sofrito de tomate, 15
Sopa de lima, 47, *47*
Sopa de panza de res, ver "mondongo kabic"
Sopa de pasta, *52*, 53
Sopa de res, ver "kabic de res"
Sopa de torta de huevo con salsa de achiote, ver "caldillo de huevo"

Sopa de tortilla estilo Quintana Roo, 48
Sopa de verduras, *52*, 53
Sopas y guisos, ver capítulo 4, y
 - albóndigas con fideos, *102*, 103
 - pollo alcaparrado, *50*, 65
 - pollo en escabeche oriental, 66, *67*
 - pollo con papas, *67*, 69
Sorbete de guanábana, *170*, 171
Sorbete de maracuyá, 171
Suflé de arroz, 150, *150*

T

Tabla de conversiones al sistema métrico, 183
Tamal/tamales, ver capítulo 9, y 182
Tamal colado de pollo, 134, *135*
Tamal horneado, *132*, 133
Tamalera, 175
Tazones y recipientes no reactivos, 175
Técnicas, 174
Tikin xic, *112*, 125
Tiras de tortillas, 175
Tinta de pulpo, 182
Tomate/s, ver "tomate/s roma"
Tomate/s roma, 45, 182, *182*, 190
Torta de huevo con hierbabuena, *40*, 41
Tortilla/s (de maíz), 36, 182
Tortilla, prueba de, 175
Tortillas, hacer, 174
Tortillas rellenas de huevo con salsa de semilla de calabaza, ver "papadzules"
Tortitas de carne y trigo con hierbabuena, ver "kibis"
Tostadas, 38, *39*, 64, *64*, 175
Trigo (trigo bulbur), 30, 182

U

Utensilios, 175

V

Vanilla, 183
Vaporcito de chaya, *130*, 131
Vaporcito de espelón, *130*, 131
Vaporcito de pollo, *126*, 129
Vaporera/s, 128, 175
Vegetarianos, platillos
 - arroz con plátanos fritos, *18*, 29
 - codzitos, 24, *24*
 - crema de garbanzo, *18*, 31
 - ensalada de papa, *18*, 29
 - papadzules, *34*, 36
 - sikil pac, 27, *27*
 - vaporcitos de espelón, *130*, 131
 - vaporcito de chaya, *130*, 131
 - varias recetas, ver capítulo 10
 - xec, *26*, 27
Venado, ver capítulo 7, "carne de caza", y
 - Bistec de venado, 107
 - Pipián de venado, 108
 - Sah kol de venado, 109
 - Salpicón de venado, 110, *111*
Venado en salsa blanca, ver "sah kol de venado"
Verduras
 - calabacitas fritas, *140*, 151
 - curtido de repollo, *30*, 151
 - ensalada de verduras, 145, *145*
 - sopa de verduras, 52, *52*

X

X'nipek, 13, *14*
Xec, 27, *27*
Xtabentún, 153

Y

Yucatán, península de (mapa), *189*
Yucateco/s, 183

LA PENÍNSULA DE YUCATÁN

GUÍA DE REGLA GENERAL
UN POQUITO DE ESTO... UN POQUITO DE AQUELLO

Como mencionamos en nuestra introducción, hemos tratado de ser lo más precisos posibles con las medidas que damos en nuestras recetas. De cualquier manera, aquí les tenemos una guía de reglas generales para algunos ingredientes, así como consejos adicionales.

NARANJA AGRIA:*

3-4 naranjas = aproximadamente 1/3 de taza de jugo

5-6 naranjas = aproximadamente 1/2 taza de jugo

Naranja agria

*Si no puede encontrar naranjas agrias frescas, sustituya por limones. También puede usar jugo de naranja agria embotellada excepto para hacer refresco de naranja agria. Tal vez ha notado que en otros libros de cocina mezclan una variedad de jugos cítricos para hacer un equivalente al jugo de naranja agria. Pero en mi opinión, si usa solo jugo de limón le dará buenos resultados.

LIMONES:

4-5 limones = 1/4 taza de jugo

5-6 limones = aproximadamente 1/3 taza de jugo

6-8 limones = 1/2 taza de jugo

RECADOS:

1 onza de cualquier recado** = aproximadamente 1 1/2 cucharadas

Recados

**Siga mis recetas para la utilización de recados (capítulo 1)

MASA HARINA

No hay nada como la masa de maíz fresca para hacer panuchos, salbutes, empanadas y tamales. Si solo puede conseguir masa harina (harina de maíz para hacer tortillas/tamales), siga las instrucciones de la parte posterior de la bolsa. (Consulte el glosario para más información sobre la masa de maíz y masa harina).

1 1/2 tazas de masa harina (con agua y sal) = un poco menos de una libra de masa

2 tazas de masa harina (con agua y sal) = un poco más de una libra de masa

HIERBAS FRESCAS

Los atados de hierbas varían en tamaño, así que es difícil dar una medida exacta. Use su criterio. Si las hierbas solo van a servir para darle sabor a un consomé, entonces ponga los tallos enteros. Para otros usos, corte y tire las ramas gruesas de los tallos.

Tomates roma

CONTROL DE PICANTE

Para reducir un poco el picante de los chiles, sáquele las semillas y las venas. Solo recuerde que el chile habanero es muy picante, con o sin semillas o venas.

TOMATES ROMA

6-8 tomates roma = aproximadamente 1 1/2 libras

Chiles habaneros

Ésta es solo una guía ya que los tomates pueden estar pequeños o grandes.

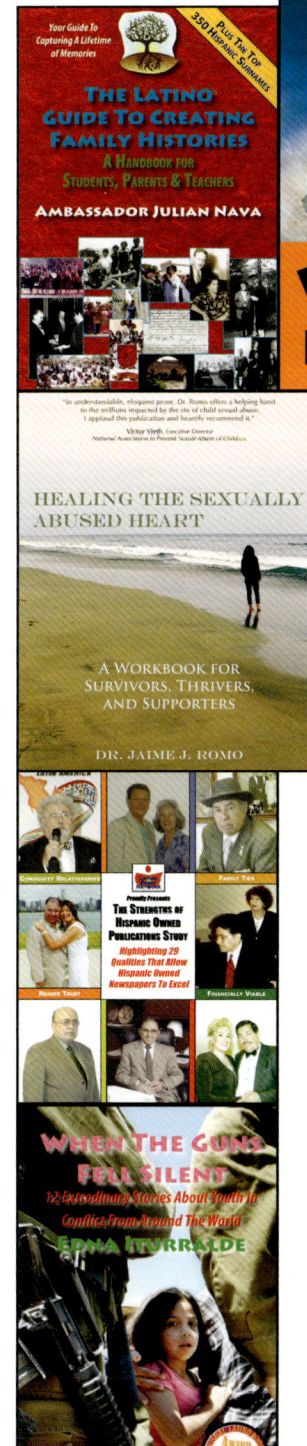

WPR BOOKS

se dedica a mejorar la imagen de y a expandir las oportunidades para los latinos en Estados Unidos.

Una amplia gama de oportunidades

WPR BOOKS (Libros WPR) publica libros y directorios desde 1983. Cuenta con siete títulos: Comida; Manos solidarias; Héroes; Visiones latinas; Visiones latinoamericanas; Para los niños; y Éxito total.

Latino Print Network, la organización socia de **WPR BOOKS**, trabaja con más de 625 periódicos y revistas hispanos. Estas publicaciones tienen una tirada combinada de 19 millones en 180 mercados en toda la nación.

Latino Literacy Now es una organización 501(c)3 sin fines de lucro que ha organizado 53 **Latino Book & Family Festivals** por todo Estados Unidos desde que se fundó en 1997. Casi 900 mil personas han asistido a estos eventos. También lleva a cabo los **Premios Internacionales de Libros Latinos** desde 1997, y los **Premios Latino Book into Movies** desde 2010.

Hispanic Marketing 101 es una revista en línea publicada dos veces por semana que proporciona una variedad de información útil. Puede inscribirse gratuitamente en **www.HM101.com**

Contamos con estos programas y otros que podrían ser de su interés. Para más información, favor de visitar **www.WPRbooks.com** o de llamar al 760-434-1223.

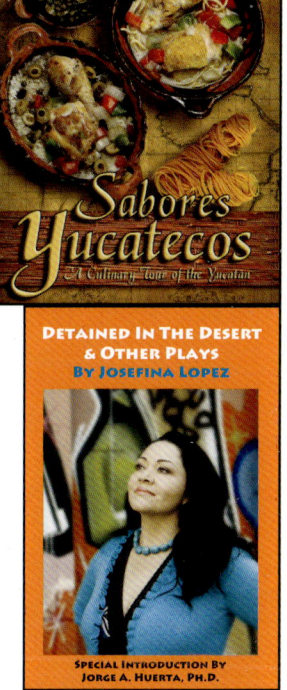

We're adding more books every month

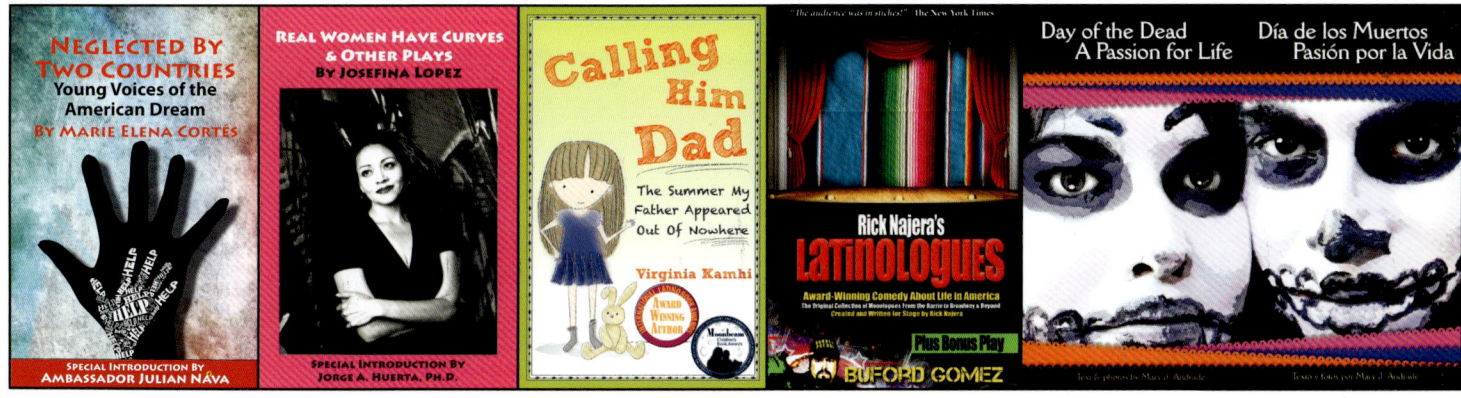

SOBRE LOS AUTORES

Chef Gilberto Cetina

Gilberto Cetina aprendió de su madre los secretos de la cocina en un pueblo maderero del municipio de Tizimín en el estado de Yucatán. Es ingeniero de profesión. Se mudó a Estados Unidos en 1986 con su familia donde finalmente pudo dedicarse a las artes culinarias. Trabajó en varios restaurantes aprendiendo los pormenores del negocio.

Abrió el restaurante Chichén Itzá en el 2001, y sus platillos yucatecos empezaron a darse a conocer entre clientes, aficionados de la comida, críticos de cocina y otros restauranteros.

El chef Cetina y la comida del restaurante Chichén Itzá han sido elogiados en publicaciones como *Sunset Magazine, GQ Magazine, Los Angeles Times, Travel and Leisure Magazine, People en español, Hispanic Magazine, L.A. Weekly, La Opinión, City Beat,* y *Adelante*; al igual que en radio y televisión.

El chef Cetina ha sido portavoz de Splenda, ha participado en una campaña nacional para Hyundai, da clases de cocina yucateca, y es solicitado en eventos que muestran lo mejor de la cultura mexicana y su cocina. El restaurante ha sido nombrado en la lista de los mejores 101 restaurantes de Los Ángeles en varias ocasiones y se encuentra en la lista de los mejores restaurantes mexicanos en Los Ángeles.

Sabores Yucatecos es su primer libro. Y ya está trabajando en el desarrollo de nuevos libros, así como en la planeación de una serie de clases de cocina por Internet. Lo pueden contactar vía e-mail a: chefcetina@gmail.com

Katharine A. Díaz
(Díaz en las ruinas maya de Xpujil en Campeche ¡muchos años atrás!)

Katharine A. Díaz se auto describe como una aficionada de la comida. También es escritora de comida y de viajes especializados en América Latina, a donde ha viajado en numerosas ocasiones.

Ha trabajado como editora en muchas publicaciones, incluyendo revistas nacionales como *Hispanic, Caminos* y *Mexico Events and Destinations.* Su trabajo también ha sido publicado en *Segunda Juventud* (una publicacion de AARP ahora *AARP Viva*), *Latino Magazine, VISTA, Aboard Magazine, Hispanic Magazine, Corporate and Incentive Travel Magazine, Insurance Meeting Management Magazine, Recommend Magazine, Hispanic Trends* y *San Fernando Sun.* Díaz también es autora de varios ejemplares, incluyendo unos sobre cocina latina y sobre la cultura de restaurantes en la *Enciclopedia Latina* (Scholastic Library Publishing).

Es conductora desde hace mucho tiempo de un show de música afro-cubana y salsa llamado "Canto Tropical", en KPFK-90.7 FM (www.kpfk.org) en Los Ángeles.

Éste es su primer libro. Actualmente está editando y escribiendo otros libros de cocina, así como libros juveniles de ficción. La puede contactar vía e-mail a: kanndiaz@yahoo.com.

Gilberto Cetina, Jr. tomó un camino y carrera diferente antes que el negocio familiar lo atrajera. Estudió Ingeniería en Computación en Mérida, y regresó a Estados Unidos para reunirse con su familia en el 2000.

En Estados Unidos trabajó en varios restaurantes y también en servicios de banquetes. Por compromisos de trabajo no se unió al negocio familiar si no hasta una semana después que el restaurante Chichén Itzá abrió sus puertas.

Eventualmente empezó a enfocarse en la cocina, aprendiendo los secretos de su padre (y de su abuela) y al mismo tiempo estudiando por su cuenta sobre nuevas técnicas del manejo de la comida. No pasó mucho tiempo para que dominara sus habilidades e implementara sus conocimientos e innovaciones en la cocina del restaurante.

Gilberto tomó cargo de la cocina del restaurante desde el 2009, y cuando el tiempo se lo permite, disfruta experimentado y dándole un nuevo giro a platillos tradicionales. Se le puede contactar vía e-mail a: gcetina@chichenitzarestaurant.com.

Gilberto Cetina, Jr.